Les ados **ont besoin**
DE LIMITES

Les ados **ont besoin**
DE LIMITES

Discipline efficace sans punition

Anne Cawood

97-B, Montée des Bouleaux, Saint-Constant, Qc, Canada, J5A 1A9
Internet : www.broquet.qc.ca Courriel : info@broquet.qc.ca
Tél.: 450 638-3338 Téléc.: 450 638-4338

Dédicace

Ce livre est dédicacé à ma famille, qui m'a tant appris concernant le parentage : mon mari, Mike ; mes enfants, Catherine, Samantha-Jane, Carolyn et Gregory ; mes gendres, Gary et Matthew, et mes petits-enfants, Megan, Bronwen, Emily-Rose et Oliver.

Catalogage avant publication de Bibliothèque et Archives nationales du Québec et Bibliothèque et Archives Canada

Cawood, Anne

[Teenagers need boundaries. Français]

Les ados ont besoin de limites

Traduction de : Teenagers need boundaries.

Comprend des références bibliographiques.

ISBN 978-2-89654-394-6

1. Adolescents – Discipline. 2. Parents et adolescents. I. Titre. II. Titre : Teenagers need boundaries. Français.

HQ799.2.C3814 2013   649'.125   C2013-941015-5

Nous reconnaissons l'aide financière du gouvernement du Canada par l'entremise du Fonds du livre du Canada pour nos activités d'édition. Nous remercions également l'Association pour l'exportation du livre canadien (AELC), ainsi que le gouvernement du Québec : Programme de crédit d'impôt pour l'édition de livres – la Société de développement des entreprises culturelles (SODEC).

Copyright © Metz Press 2008
Copyright du texte © Anne Cawood
Copyright des illustrations © Metz Press
pour l'édition originale, tous droits réservés.

Éditrice : Wilsia Metz
Rédaction en chef : Christopher et
    Deborah Morbin
Révision : Nikki Metz

Conception et maquette : Liezl Maree,
    Blue Berry Advertising
Illustrations : Rory MacRobert
Photographie de l'auteure : Ivan Naudé

Pour l'édition canadienne en langue française
Copyright © Ottawa 2013 Broquet inc.
Dépôt légal – Bibliothèque et Archives nationales du Québec
3e trimestre 2013

Traduction : Jean Roby et Christiane Laramée
Révision : Andrée Laprise

ISBN : 978-2-89654-394-6
Imprimé au Canada

Table des matières

Introduction

Devenir parent est un événement qui change la vie. Il n'existe pas d'emploi qui consomme plus de temps ou d'énergie, qui soit plus exigeant, épuisant et sans fin. En outre, on n'offre pas de formation pour ce métier, pas de mode d'emploi infaillible, très peu de vacances ou de congé de maladie, et démissionner de son poste est interdit! Un parent las a déclaré un jour: «C'est une sentence à vie.»

Avec la pression grandissante des médias et l'influence additionnelle de la technologie, les risques d'abus de substances, la peur des ITS et la hausse de certains types de crimes, il ne fait aucun doute que les parents font face à des tensions et des problèmes toujours à la hausse, tout en faisant de leur mieux pour éduquer des enfants heureux, sûrs d'eux, autodisciplinés et socialement acceptables.

Toutefois, il n'y a jamais que du négatif… les aspects positifs attendent toujours en coulisse. Cependant, comme dans toute entreprise valable, vous n'en retirez qu'à la mesure de ce que vous y aurez mis. Partout, les parents redoutent les défis et le fardeau des années de l'adolescence. Si vous êtes de ceux qui êtes parvenus à atteindre ce creuset développemental avec une relation parent-enfant relativement intacte, vous partez avec une longueur d'avance. Cela dit, comme même le plus aimable des préadolescents peut se métamorphoser en monstre adolescent, ne vous détendez pas trop vite!

Pour ceux d'entre vous qui abordez ce stade avec une relation parent-enfant déjà turbulente et tendue, prenez courage du fait qu'il n'est jamais trop tard pour changer les choses et raffermir des bases peu solides. La chose la plus importante à garder à l'esprit, c'est que vous, le parent, vous êtes l'élément clé du résultat. C'est votre réaction au comportement de votre adolescent qui, au bout du compte, déterminera si ce comportement sera canalisé de façon positive ou négative.

Le but principal de ce livre est de vous fournir les bons outils pour affronter tous les défis qui font partie intégrante du parentage positif et la capacité d'établir de très nécessaires limites. C'est dans ce «cadre» ferme et sécuritaire que votre adolescent pourra mettre à l'épreuve et faire des essais, commettre des erreurs (et, espérons-le, en tirer des leçons) et développer un sentiment d'indépendance et un sens de l'identité, tous deux forts et sains.

Gardez votre sens de l'humour. N'oubliez pas que vous êtes aussi une personne avec des besoins, des sentiments et sa propre identité. Cultivez vos propres relations, vos passe-temps, et occupez-vous de votre carrière… car il y a une vie après les adolescents! Gardez les lignes de communication ouvertes. Un jour, vous serez assis à la table d'un café en face de votre enfant adulte et vous vous émerveillerez de cet ami à vie, qui aura émergé du cocon de l'enfance et de l'adolescence et qui exhibera les ailes rutilantes de son indépendance. Et vous saurez alors combien vous aurez participé à cette merveilleuse transformation.

Lisez lentement ce livre, un échelon à la fois. Chaque échelon vous aidera à acquérir une nouvelle perspective et à apprendre des habiletés et des stratégies pour vous aider, vous et votre adolescent, à naviguer dans les eaux tumultueuses qui baignent si souvent ce stade de développement.

Je dois souligner ici que ce livre est basé largement sur mes propres expériences comme parent, et désormais comme grand-maman, combinées à l'ensemble de mes années d'expérience comme conseillère parent-enfant, animatrice d'ateliers et conseillère scolaire.

Mes observations et opinions sont fondées sur cette expérience personnelle et c'est délibérément que j'ai préservé l'aspect anecdotique de mon livre plutôt que de m'appuyer sur des statistiques ou des preuves issues de recherches approfondies pour éclairer mes points de vue. Qu'il me suffise de dire que, durant les 25 dernières années, j'ai testé ces habiletés et stratégies essentielles et que je crois avec sincérité et passion qu'elles rapporteront des bénéfices (même avec les adolescents les plus éprouvants), si elles sont appliquées avec constance et cohérence.

Après toutes mes années d'implication dans les questions de relations interpersonnelles, je dirais que le facteur le plus important du bonheur personnel à long terme est le sentiment d'un cadre sûr et protecteur, qui résulte de limites claires, justes et cohérentes. L'établissement démocratique de limites en fonction de l'âge est sans doute la clé du développement de l'autodiscipline et de l'atteinte de l'estime de soi positive. C'est le principal centre d'intérêt de ce livre. L'autre est la conviction que chacun de nous a des choix. Il y a beaucoup de choses que nous ne choisissons pas, mais nous avons tous le pouvoir de choisir nos attitudes et nos réactions. Les citations suivantes plantent le décor pour le voyage à travers le stade exigeant de l'adolescence.

«À compter d'aujourd'hui, je ne me soucierai plus d'hier. C'est le passé et le passé ne changera jamais. Je suis le seul à pouvoir changer en choisissant de le faire.»

(Anonyme)

«Nous qui avons vécu dans les camps de concentration, nous pouvons nous souvenir des hommes qui venaient dans les baraques réconforter les autres, donnant leur dernier morceau de pain. Ils étaient peut-être peu nombreux, mais ils prouvent amplement qu'on peut tout enlever à un homme, sauf une chose : le dernier fragment de sa liberté… choisir sa propre attitude quelles que soient les circonstances, choisir sa propre voie.»

(Viktor Frankl, *Découvrir un sens à sa vie*)

Discipline
Un aperçu

«Aucune des tâches du parentage n'est plus exigeante que la discipline. Pour la plupart des gens, le mot "discipline" évoque la punition. Pour nous, par contre, la discipline est une façon d'aider les adolescents à devenir matures et indépendants. Ce n'est pas quelque chose que nous faisons aux adolescents, mais plutôt un système pour les aider à mener des vies responsables et productives. À condition que la situation ne porte pas atteinte à autrui, ni qu'elle soit autodestructrice, nous suivons l'adage : l'expérience est la meilleure école. La discipline implique des procédures à la fois préventives et correctives pour aider les adolescents à prendre en charge leur propre vie, prendre des décisions et apprendre des conséquences de leurs décisions.»

(Don Drinkmeyer et Gary D McKay,
Systematic Training for Effective Parenting of Teens)

Espérons-le, quand votre enfant fêtera son 13e anniversaire, vous aurez consenti de gros efforts pour assimiler tous les principes de base de la discipline efficace que je prône dans mon premier livre, *Les enfants ont besoin de limites*. Vous aurez compris que les méthodes sévères et punitives ne sont pas efficaces. Elles ne font qu'exacerber la méfiance et la rébellion qui, déjà, couvent probablement dans la psyché en développement rapide de votre adolescent. En fait, au moment où vous devenez le parent d'un adolescent, votre enfant et vous aurez déjà cumulé plusieurs années de votre style de parentage particulier. Beaucoup de parents gèrent les premières années de l'enfance avec une relative efficacité, mais ils deviennent désorientés et angoissés quand ils font face aux premiers signes de la révolte adolescente.

Nous vivons dans un monde de recettes miracles et de solutions rapides. Nous devenons impatients quand nos cellulaires prennent plus que 10 secondes pour établir la communication ou que nos ordinateurs sont hors ligne. Plats à emporter, légumes précoupés, repas au micro-ondes, recherches d'information sur Google : ce sont tous des aspects intrinsèques de notre vie sur la voie rapide du XXIe siècle. Tout cela est beau et bon… sauf quand nous nous attendons aux mêmes solutions rapides pour nos problèmes de parentage. Il n'existe pas de solutions rapides quand il s'agit de parenter… seulement des efforts continus et des façons de penser positives.

La bonne nouvelle, c'est qu'il n'est jamais trop tard pour appliquer une discipline efficace. La mauvaise, c'est que cela exige plus d'efforts et de détermination quand l'enfant est plus vieux à cause des antécédents bien établis de parentage incohérent et inefficace. Par conséquent, peu importe l'âge de votre enfant, aujourd'hui est le jour où vous mettez les pieds fermement sur le premier barreau de l'échelle. Si vous vous déplacez lentement et consciencieusement vers le haut, cela vous mènera au dernier échelon où vous obtiendrez une vue claire et gratifiante des possibilités de devenir le parent compétent que vous êtes censé être.

REVUE DES PROBLÈMES DISCIPLINAIRES

Sur le premier échelon, on doit prendre pied solidement et avec confiance. On y arrive en prenant le temps de passer en revue notre approche disciplinaire. Il est essentiel de rejeter les idées obsolètes, dans lesquelles discipline et punition ont habituellement le même sens. Discipline *n'est pas* synonyme de punition. Le tableau, page suivante, illustre cette différence essentielle.

CHÂTIMENT (PUNITION)			DISCIPLINE		
Caractéristiques	Message sous-jacent à l'enfant	Résultats possibles	Caractéristiques	Message sous-jacent à l'enfant	Résultats possibles
Accent mis sur le pouvoir de l'autorité personnelle	*Fais ce que je dis parce que je le dis.*	Rébellion, désir de revanche, manque d'autodiscipline, sournoiserie, irresponsabilité	Accent mis sur la réalité de l'ordre social	*J'ai confiance que tu apprendras à respecter les droits des autres.*	Coopération, respect de soi et des autres, autodiscipline, réalisme
Rarement relié à l'acte posé; arbitraire	*Je vais t'apprendre! Tu mérites ce que tu reçois!*	Ressentiment, désir de revanche, peur, confusion, rébellion	Logiquement relié au comportement fautif: sensible	*J'ai confiance que tu feras des choix responsables.*	Apprendre de l'expérience
Implique un jugement moral.	*Tu es mauvais! Tu n'es pas acceptable!*	Sentiments de souffrance, culpabilité, désir de revanche	Traite la personne avec dignité; sépare l'acte de la personne.	*Tu es une personne importante.*	Sent qu'il est une personne acceptable même si son comportement ne l'est pas.
Accent mis sur le comportement passé	*Tu n'apprendras jamais. Je ne peux jamais compter sur toi.*	Se sent inexcusable. Ne peut prendre de bonnes décisions.	Prend en compte le comportement présent et futur.	*Tu es capable de prendre soin de toi.*	Capable de s'autoévaluer, gagne en autonomie.
Menace, violence ou perte d'amour ouvertes ou dissimulées	*Tu fais mieux de marcher droit! Aucun de mes enfants ne ferait une chose pareille!*	Peur, rébellion, sentiment de culpabilité, envie de riposter	La voix communique respect et bienveillance.	*Je n'aime pas ce que tu fais, mais je t'aime toujours.*	Se sent rassuré quant à l'amour et au soutien de ses parents.
Exige la conformité.	*Tes préférences n'ont aucune importance. On ne peut se fier à toi pour prendre de bonnes décisions.*	Rébellion, conformité provocatrice	Offre des choix.	*Tu es capable de prendre une décision.*	Décisions responsables, accroissement de l'esprit d'initiative

(Don Dinkmeyer et Gary D. McKay,
extrait de *Systematic Training for Effective Parenting Manual*)

Avec ce tableau, on peut voir clairement que la discipline comprend des éléments extrêmement positifs, comme l'apprentissage, l'enseignement, la guidance et la socialisation. Il y a très nettement un élément de fermeté à établir des limites claires et cohérentes. Les limites et les règles sont des aspects essentiels d'une vie autodisciplinée et organisée. En avançant dans la vie, nous avons besoin de la sécurité des limites : que ce soit pour connaître notre rôle au travail, comment conduire notre voiture ou comment contrôler nos comptes bancaires. Nous avons besoin de cette prévisibilité pour nous garder en équilibre sécuritaire.

Trouver le juste équilibre

Quand on passe en revue un tel tableau, il semble assez facile de voir les différences essentielles entre le vrai sens de la discipline et les éléments démodés, sévères et répressifs de la punition. Toutefois, si nous sommes honnêtes avec nous-mêmes, ces « mauvais plis » autocratiques sont archivés habituellement quelque part au fond de notre conscience et ils surgissent avec empressement, dès que nous manquons d'énergie et de détermination pour devenir calme et cohérent dans nos méthodes disciplinaires.

À cette étape de notre voyage au haut de cette échelle, il est important de passer en revue où vous vous situeriez dans le spectre autocratique/permissif.

AUTOCRATIQUE	DÉMOCRATIQUE	PERMISSIF
Les parents ont tout le pouvoir.	Les parents partagent le pouvoir avec les enfants en fonction de l'âge de ceux-ci.	Les enfants ont tout le pouvoir.
Les limites sont trop rigides et inflexibles.	Les limites sont claires, justes et fermes.	Les limites sont vagues et incohérentes.
Enfants malheureux, refoulés et rebelles	Enfants en sécurité, encadrés et heureux	Enfants désordonnés, peu sûrs d'eux et malheureux

À vrai dire, la plupart des parents visent sincèrement à s'éloigner de l'extrémité autocratique du spectre. Quand l'enfant atteint les dernières années de l'école primaire, la plupart des parents ont compris (parfois avec réticence) que les tapes, fessées, cris, menaces et humiliations sont tout à fait inefficaces et irrespectueux et ne font qu'exacerber les sentiments de rébellion et le ressentiment des enfants. Dans ce cas, les parents détiennent tout le pouvoir.

Par contre, beaucoup de parents se sont perdus à l'extrémité permissive du spectre. Dans un effort pour éviter de devenir des autocrates, les parents visent aujourd'hui à être des parents modernes et « en contact » en permettant à l'enfant d'exprimer tous ses sentiments ; ils ont peur de nuire à son estime de soi en étant fermes et en disant « Non ». Ils surprotègent et essaient d'aplanir toutes les expériences négatives qui sont inévitables dans l'apprentissage des habiletés de préparation à la vie active et de la résilience qui en résulte. L'enfant détient tout le pouvoir.

La réalité est que la plupart des parents oscillent entre les deux extrêmes. Nous essayons d'être les meilleurs amis de notre enfant et, par conséquent, nous nous embourbons et devenons incapables d'établir des limites claires. Éventuellement, après trop de revendications et de demandes, nous perdons patience et nous retombons dans ces vieux plis archivés dans notre tête. « Ça nous échappe » et nous devenons irrationnels et autocratiques.

Garder le contrôle : l'aspect essentiel pour devenir un parent sûr de lui/démocratique

Pour établir des limites et une discipline efficace, il est important de saisir le besoin essentiel de garder fermement le contrôle de vos réactions, ce qui vous fixera sur le premier barreau de l'échelle.

> « Garder le contrôle et se calmer en se parlant à soi-même de façon utile est LA phase la plus importante du processus disciplinaire. C'est ainsi que nous établissons notre sens de l'autorité et de la direction. »
> (Positive Parenting Manual: Skills for South African Parents)

Vous devez être convaincu que vous maîtrisez vos réactions.

Dans son livre The 7 habits of Highly Effective Families, Stephen Covey l'exprime très bien : « Entre le stimulus et la réaction, il y a un espace. Dans cet espace résident notre liberté et notre pouvoir de choisir notre réaction. Dans notre réaction résident notre croissance et notre bonheur. »

À partir de là, il devient clair que nous pouvons nous calmer en nous parlant à nous-même de façon plus positive et plus utile. En fait, même si nous avons des tempéraments plus volatiles et réactifs, nous pouvons apprendre à maîtriser notre instabilité et à diminuer nos réactions impulsives. Il n'y a aucun doute que nos pensées influencent nos sentiments, qui influencent directement notre comportement.

PENSÉES ⟶ SENTIMENTS ⟶ COMPORTEMENT

Les adolescents savent à coup sûr comment presser ces boutons réactifs. Cependant, nous pouvons maîtriser nos circuits en apprenant à localiser le bouton pause !

Nous avons le pouvoir de choisir comment réagir. Si vous choisissez de réagir avec excès et d'imposer des conséquences trop sévères (par exemple : « Tu ne sortiras pas durant trois mois. »), vous devez comprendre ce qui suit.

- Votre adolescent a poussé les limites.
- Vous avez réagi exagérément dans le feu de l'action.

• Vous auriez pu utiliser cet « espace » entre stimulus et réaction pour choisir une réaction plus calme et plus logique.

En effet, votre adolescent a poussé les limites, mais méritait qu'on lui impose une conséquence raisonnable. Vous avez « choisi » de réagir avec excès.

Transformer les pensées nuisibles en pensées plus utiles

Pour développer une réaction plus rationnelle et, de ce fait, plus efficace au comportement adolescent inacceptable, il serait utile de prendre le temps d'examiner en profondeur vos convictions de base. Certains exemples pourraient se lire comme suit.

PENSÉES NUISIBLES	PENSÉES UTILES
Pourquoi mon adolescent n'arrête-t-il pas de me pousser à bout?	J'en ai assez de ce doute et je dois devenir plus sûr de moi.
Cet enfant me pousse vers la dépression nerveuse.	Je ne dois pas prendre ça personnellement. Je peux rester calme et garder le contrôle.
Cet enfant n'aura pas le dessus sur moi. Je suis le parent et je vais le lui montrer!	Mon enfant agit de façon inacceptable. Je dois être un adulte mature et gérer cela une fois que nous serons tous deux plus calmes.

Gérer correctement

Alors, si vous acceptez que vous n'avez pas besoin de méthodes de parentage sévères et punitives pour discipliner efficacement, si vous révisez votre position sur le spectre autocratique/permissif, si vous acceptez que vous avez le contrôle de vos réactions et que vous avez le pouvoir de changer vos pensées et convictions nuisibles en pensées et convictions utiles, vous serez sur la voie de votre prochaine étape sur l'échelle. Saisir en détail le vrai sens de la discipline n'est qu'un début…

Pour que la discipline soit efficace et cohérente, la relation parent-enfant devrait être essentiellement positive. Quand cette relation est tendue et négative, la discipline devient extrêmement difficile.

Tout en s'efforçant de maintenir la fermeté des règles et des limites, la prochaine étape essentielle consiste à tenter de comprendre le comportement de votre adolescent. Suivront ensuite l'identification de vos propres besoins et des changements dans la vie, et le perfectionnement de ces indispensables habiletés à bâtir des relations. Par conséquent, les prochains chapitres continueront à gravir l'échelle, étape par étape. Espérons-le, quand vous atteindrez les échelons supérieurs, vous serez en meilleure position pour affronter les défis et obstacles très réels posés par les adolescents de nos jours. Donc, en route pour le deuxième échelon.

....

RÉSUMÉ

- Il n'y a pas de solutions rapides quand il s'agit du parentage des adolescents.
- Discipline et punition ne sont pas synonymes.
- La plupart des parents oscillent avec incohérence entre les deux extrémités opposées du spectre autocratique/permissif. Ainsi, on développe des approches inefficaces de la discipline et on commence à paniquer quand les années d'adolescence redoutées approchent.
- Pour devenir un parent sûr de lui et bien équilibré, il faut comprendre que c'est VOTRE réaction au comportement de votre adolescent qui est le facteur essentiel du comportement futur de l'adolescent.
- Vous devez travailler sur vos processus de pensées et changer vos convictions nuisibles en convictions plus utiles.
- Avoir le contrôle avec calme et cohérence est l'aspect le plus utile pour développer les habiletés disciplinaires qui permettront de gérer votre adolescent.

2

Défis du développement

Les adolescents sont destinés à être rebelles!

«Les jeunes sont passionnés, irascibles et enclins à être emportés par leurs pulsions, particulièrement les pulsions sexuelles… en regard desquelles ils n'exercent aucune retenue. Ils se montrent aussi changeants et capricieux dans leurs désirs, qui sont aussi transitoires qu'ils sont véhéments… Si les jeunes commettent une faute, elle est toujours due à l'excès et l'exagération… ils poussent tout trop loin, que ce soit leur amour ou leur haine ou tout autre chose. Ils se considèrent omniscients… »

(Aristote – Il y a 23 siècles)

De toute évidence, les adolescents constituent des problèmes pour les parents depuis des temps immémoriaux! Même à des époques moins compliquées, les jeunes étaient en conflit avec leurs parents.

Le comportement a toujours un but. Nous faisons les choses pour une raison, le plus souvent avec une inconscience totale… et c'est là le problème. On pousse nos boutons et nous réagissons, sans vraiment comprendre comment ou pourquoi nous choisissons la plupart de nos réactions impulsives.

Pour devenir plus efficaces quand nous disciplinons nos adolescents, nous devons nous examiner nous-mêmes comme adultes avec minutie et patience. Pour réagir de façon appropriée (rappelez-vous la citation de Stephen Convey au chapitre précédent), il est nécessaire d'avoir une compréhension très juste des importants problèmes sous-jacents.

C'est exactement ce que les prochains chapitres tenteront de faire. En ce moment, vous êtes sur le deuxième barreau de cette échelle de croissance personnelle. Espérons-le, quand vous atteindrez le sommet – à condition qu'il ne manque aucun échelon –, vous serez un parent d'adolescent plus confiant et plus compétent.

LE STADE DÉVELOPPEMENTAL

Il n'y a aucun doute que certains comportements caractérisent certains stades. Les bébés s'accrochent et éprouvent l'angoisse de la séparation, les tout-petits font des crises de colère et les adolescents deviennent rebelles et maussades.

Les parents sont déconcertés quand leur enfant de 10 ans au tempérament égal et aimable commence à développer des cornes de diable et refuse de coopérer même aux requêtes les plus raisonnables. Ce type de comportement déconcertant et irritant est une manifestation inévitable des énormes modifications physiques et psychologiques qui commencent à se produire.

Ce n'est pas simplement parce que vous *comprenez* pourquoi votre enfant devient un monstre de mauvaise humeur que vous permettez les comportements inacceptables, mais cela signifie que vous avez plus de chances de réagir plus positivement et efficacement.

Plutôt que d'exacerber des convictions nuisibles en vous disant : « Je vais montrer à cet enfant impossible qui mène par ici », vous devez adopter une approche plus positive. Quelque chose dans le genre de : « Ce comportement est inacceptable, mais mon enfant étant nettement confus et fâché, je resterai l'adulte calme et sûr de lui », pourrait être plus difficile, mais tout à fait possible et infiniment plus utile.

Apparition précoce de la puberté

L'adolescence commence officiellement avec le début de la puberté…
ce qui pose un autre problème. Nos enfants commencent la puberté à
des âges plus jeunes, surtout les filles. Des fillettes aussi jeunes que 9 ans
manifestent des signes de développement prépubertaire et, pour beaucoup de filles, les menstruations débutent avant 11 ans.

Toutefois, elles ne sont toujours pas plus vieilles émotionnellement
que leur âge chronologique. Ajoutez-y la pression de la technologie et
des médias et il n'est pas surprenant que ces jeunes se donnent tant
de mal pour faire face. Les émissions de télévision qui transforment des
préadolescentes précoces en objets sexuels n'aident en rien. Beaucoup
de parents trouvent ça « mignon » quand leurs filles de 10 ans se
maquillent, enfilent des jeans à taille ultra-basse ou des jupes extra-
courtes et portent des hauts minuscules qui exposent leur ventre nu.
Toutefois, il devient très difficile de faire marche arrière si la mignonne
petite fille de 10 ans devient la moins mignonne adolescente de 14 ans
active sexuellement !

L'enjeu ici est simplement que l'adolescence commence plus tôt qu'à
13 ans et, par conséquent, le besoin de comprendre votre enfant prépubertaire est essentiel.

Ce stade, selon les psychologues du développement, se termine avec
le début de la maturité, ce qui est une ligne de démarcation très vague,
mais généralement quand l'adolescent atteint 20 ans.

Une fois de plus, avec l'allongement des années de dépendance financière due à la précarité des emplois et à la poursuite des études supé-
rieures, ce point de rupture devient assez vague. Je suis certaine que
nous connaissons tous des adultes qui n'ont jamais réussi à franchir le
cap de l'adolescence ! Qu'il suffise de dire que le stade de l'adolescence
débute plus tôt et se termine plus tard qu'à tout autre moment de l'histoire de l'humanité, ce qui en fait le stade le plus difficile tant pour les
parents que les enfants.

Un *addenda* à ceci est à l'effet que, quoique la plupart des enfants
restent financièrement dépendants jusqu'à ce qu'ils soient bien établis
dans leur vingtaine, l'âge légal pour la plupart des décisions importantes
est 18 ans. Ils peuvent boire, conduire (quoique, espérons-le, pas simultanément), voter et signer certains contrats, mais ils ont néanmoins besoin
d'argent pour survivre.

Le stade adolescent du développement

Dans sa théorie du développement de la personnalité, le psychologue Erik Eriksson a divisé la vie humaine en ce qu'il appelle des *stades critiques de développement*. Pour dire les choses simplement, cela signifie que, à chaque stade, il existe des caractéristiques considérées normales à cet âge. Si l'enfant n'est pas parenté efficacement à chacun de ces stades, le résultat négatif rendra très difficile pour l'enfant le passage au stade suivant dans un état émotionnellement stable qui lui permettra d'affronter le défi développemental suivant.

Voici un tableau simplifié des stades de développement selon Eriksson.

STADE	DÉFI/TÂCHE	SI LES BESOINS DE CE STADE NE SONT PAS SATISFAITS
Enfance Naissance à 18 mois	Sentiment de confiance	**Méfiance** – Mes besoins ne sont pas comblés. Le monde n'est pas un lieu sécuritaire.
Tout-petit 18 mois à 3 ans	Autonomie/Indépendance	**Honte et doute** – Je veux exprimer mon indépendance, mais on ne me le permet pas.
Stade du jeu 3 à 6 ans	Initiative – Saine estime de soi	**Culpabilité** – Quand j'essaie et que je commets une erreur, je m'attire des ennuis. Je dois être une personne stupide et mauvaise.
Stade scolaire 6 à 12 ans	Sens de la performance – Être compétent	**Infériorité** – Je ne peux rien faire d'aussi bien que les autres. Je ne suis pas le meilleur dans quoi que ce soit.
Adolescence	Identité – Qui suis-je? Où vais-je?	**Rôle, confusion** – Pourquoi dois-je faire les choses comme mes parents le veulent? Ne puis-je être moi-même? Je ne sais même pas qui je suis réellement.

TÂCHES DÉVELOPPEMENTALES PROPRES AUX ADOLESCENTS

Ces tâches développementales peuvent être réparties dans trois domaines principaux.

- *Physique* – L'ajustement aux modifications de l'organisme et les caractéristiques sexuelles adultes se développent, ce qui implique un impact spectaculaire sur l'accélération de l'activité hormonale. Les cheveux et la peau changent sous l'action des poussées hormonales.
- *Social* – La pression des pairs et le besoin de se conformer et d'être accepté. La pression scolaire et le besoin de faire des choix de matières appropriés pour une future carrière. Attentes parentales et angoisse face à l'incertitude d'un emploi, combinées à la connaissance de la rareté et de la précarité des emplois financièrement gratifiants.
- *Psychologique* – Le besoin de donner forme à une identité cohérente. Cela signifie essentiellement une période où l'adolescent pousse les règles et les limites parentales, expérimentant avec les rôles et les amitiés. Il doit y avoir un « ajustement » entre la façon des autres de me voir et comment je me vois.

Bref coup d'œil sur la pression des pairs

La pression des pairs exerce une influence tout au long de la vie. Les enfants d'âge préscolaire sont influencés par ce que disent leurs amis, par ce avec quoi ils jouent et comment ils s'habillent. À Hershel par exemple, là où je suis conseillère, je remarque, en marchant près des tablettes où les filles rangent leurs boîtes à lunch, que 95 % d'entre elles sont roses. Et vous pouvez être sûrs que la plupart d'entre elles demandent presque toutes les mêmes jouets au père Noël. Comme adultes, nous nous sentons aussi plus acceptés et à l'aise quand nous nous harmonisons aux vêtements que portent nos pairs, à leur façon de meubler leur maison, aux autos qu'ils conduisent, et ainsi de suite. La plupart des gens choisissent de ne pas se démarquer trop visiblement des autres dans l'ensemble.

Durant l'adolescence, la pression des pairs joue un énorme rôle sur les développements social et émotionnel. Nous l'avons dit, l'adolescence est une période de séparation d'avec les parents, où l'on fait des choix et où l'on établit un sentiment d'identité certain. La façon des adolescents de faire cette transition, c'est habituellement en se liant à un groupe de pairs. Ils ont toujours besoin de la sécurité et de l'assurance de savoir que leurs parents sont là, tandis qu'ils font des incursions hors de cette base sécuritaire afin de tester leur liberté et leur autonomie en se liant à leurs pairs. Il devient énormément important de percevoir un sens d'acceptation et d'appartenance durant ce stade transitoire. La voix intérieure de l'enfant dit: «J'ai besoin de devenir moins dépendant de mes parents, parce que je ne peux pas compter sur eux pour toujours mais, alors que je mets les pieds en territoire inconnu, je dois établir de nouveaux lieux où je me sens accepté et utile.»

Saine estime de soi et capacités de communication efficace sont essentielles

Le parentage positif des années antérieures fournit aux adolescents vulnérables une saine estime de soi et des capacités de communication efficace… lesquelles sont essentielles à votre adolescent pour qu'il puisse résister aux pressions qui seront inévitablement exercées par ses pairs. Les adolescents qui ont des relations négatives et conflictuelles avec leurs parents ou qui ont un piètre sentiment de leur valeur, ont plus de chances d'être la proie d'influences dysfonctionnelles exercées par les pairs. Le sujet qu'on retrouve dans toutes les discussions concernant la discipline des adolescents est le tiraillement constant qu'éprouve l'adolescent. D'un côté, il y a les attentes et les règles parentales et, de l'autre, le retrait intérieur face à l'influence parentale au profit des opinions et tentations de ce très important groupe de pairs.

Les parents compétents et efficaces sont capables d'un lâcher prise approprié à l'âge et de choisir leurs batailles soigneusement. Par exemple, il est considérablement plus important de refuser toute négociation à l'égard de la cigarette chez votre enfant de 14 ans qu'à l'égard des jeans à taille basse qu'il porte dans les fêtes de famille. La façon de faire face aux répercussions pratiques de la pression des pairs dans votre maison sera la trame des chapitres traitant des problèmes disciplinaires auxquels les parents font face durant ces années souvent turbulentes!

Les adolescents, particulièrement les plus jeunes, peuvent désorienter leurs parents avec leurs sautes d'humeur imprévisibles: depuis l'exigence de liberté et d'indépendance jusqu'au besoin désespéré de sécurité à l'intérieur des limites du contrôle parental. Ils veulent être traités comme des adultes, tout en ayant des besoins infantiles d'encadrement et d'accompagnement. Ils poussent les limites, tout en se sentant peu sûrs d'eux et désorientés quand les limites s'effondrent. Ce qui est très épuisant pour des parents pris d'assaut.

Une autre caractéristique de ce stade, c'est que les adolescents peuvent devenir extrêmement égocentriques. Tout comme les tout-petits croient qu'ils sont le Centre de l'Univers, les adolescents développent la même attitude.

Formation de l'identité

Ce qu'il faut saisir ici, c'est que ces deux stades de vie impliquent qu'ils se mesurent à la définition de l'identité. Les tout-petits émergent du cocon sécuritaire de la petite enfance et se rendent compte qu'ils sont distincts et qu'ils peuvent exercer leur propre volonté. Les adolescents émergent de l'encadrement de l'enfance et avancent inexorablement vers les réalités et les responsabilités de l'âge adulte. Cela exige un certain degré de tension intérieure et un apparent repli sur soi. Nous devons faire vraiment en sorte de ne pas prendre cet égocentrisme de façon trop personnelle. Une fois de plus, comprendre le « pourquoi » du comportement ne signifie pas que nous donnons notre permission tacite à un comportement égoïste ; cela nous aide simplement à maintenir un climat de compréhension et, espérons-le, une réaction plus mature et plus patiente.

N'oubliez pas la nécessité de conserver votre sens de l'humour. Quand la vie nous réservait des situations déplaisantes (comme les visites chez le dentiste), notre merveilleuse grand-mère nous disait toujours : « Après la pluie, le beau temps. » En d'autres mots, les adolescents finissent par se transformer en adultes socialement acceptables !

Selon Eriksson, la question de la formation de l'identité est l'aspect le plus important du défi développemental de l'adolescent.

> « La quête d'identité amène souvent l'adolescent à entrer en conflit avec les règles de la société et avec les personnes qui lui sont étroitement liées. Le danger à ce stade est qu'il devienne confus dans sa recherche d'identité et d'un rôle social qui lui convienne. »
>
> (Erik Eriksson, *Personnality Theories*)

Eriksson explique que les modèles typiques de comportements adolescents (participation à des activités en groupes, tomber en amour ou la prédilection pour les mouvements de jeunesse) font partie de la «quête d'identité». L'adolescent a besoin de tester, expérimenter, repousser les frontières, interroger les valeurs et même se rebeller, afin d'émerger à l'autre bout de ce stade avec un sens de l'identité clair et confiant.

RÉSULTATS DE L'ÉCHEC DE LA FORMATION IDENTITAIRE DE L'ADOLESCENT

Tout autour de nous, il y a des exemples d'adultes qui n'ont pas atteint l'issue positive de leur crise d'adolescence, ou des adultes qui n'ont pas fait jouer les muscles de l'indépendance au «bon» stade de développement.

- *Attentes parentales trop élevées* qui mènent à des choix de carrière malheureux. Par exemple, l'artiste qui s'oblige à étudier le droit parce que «tous les garçons aînés de la famille sont toujours devenus des avocats», pour ensuite décrocher à 40 ans et vivre sur la côte à peindre des tableaux. Il n'y a rien de mal à ça, sauf le fait que c'est simplement un tragique gaspillage d'années cruciales.
- *Un parentage trop strict* qui broie le besoin de l'enfant de se rebeller (même légèrement). Ce besoin émerge ensuite dans la quarantaine et conduit les adultes à rompre leur mariage, abandonner les enfants ou à entrer dans des sectes ou des groupes marginaux dans une tentative désespérée pour «se retrouver».
- *Enfants faciles, «bons» enfants* – Ce sont ceux dont les parents se vantent en disant : «Je me sens tellement chanceux quand j'entends ce qui arrive à d'autres adolescents. Le mien ne nous donne simplement aucun problème ; il ne nous laisse jamais tomber.» Cela peut être fantastique pour les parents, mais est-ce que cet enfant apprend à exercer ses muscles ? Questionne-t-il les valeurs parentales ? Et apprend-il qu'il est normal de commettre des erreurs ?

Cela est particulièrement vrai des adolescentes. Nous ne voulons pas vraiment (ou nous ne devrions pas vouloir) que nos filles soient soumises et non déterminées, «de bonnes petites filles». Les adolescentes aimables et non rebelles (puis des femmes aimables, des épouses obéissantes et des mères prêtes à se sacrifier) sont souvent les femmes qui, à 40 ans environ, éprouvent tout à coup une révolte adolescente qui a trop tardé, avec les conséquences que cela implique. Il est de beaucoup préférable que la rébellion ait lieu durant le stade normal de développement.

Donc, une saine dose d'essais, de défis et de rébellion imprévisible et exaspérante est parfaitement normale durant le stade de l'adolescence. C'est aussi normal que la crise de colère chez l'enfant de deux ans.

Cela ne signifie pas admettre le comportement négatif. Cela signifie simplement que nous avons une mentalité d'acceptation et de compréhension positive et que cela nous conduira très certainement à gérer les manifestations épuisantes des tests normaux de l'adolescence de façon plus confiante et efficace!

....

RÉSUMÉ

- Le comportement a toujours un but, quoique nous soyons souvent inconscient des raisons de tel ou tel autre de nos comportements.
- Comprendre pourquoi votre adolescent se comporte comme il le fait ne signifie pas que vous tolérez le comportement négatif. Cela signifie simplement que vous avez une compréhension réaliste de ce qu'il traverse sur le plan du développement. Cela vous aide à réagir de façon plus appropriée.
- Selon le psychologue Erik Eriksson, le principal défi de l'adolescent, c'est de développer un sens d'identité. Il y parviendra habituellement en testant les règles et valeurs parentales et sociétales.
- Les effets négatifs à long terme d'un processus raté de formation de l'identité durant l'adolescence conduit souvent à tous les exemples de crises de la quarantaine dont nous sommes témoins dans le monde des adultes.
- À cause de l'apparition précoce de la puberté et du prolongement des années de dépendance financière, l'adolescence exerce un stress énorme sur la relation parent-enfant.
- Le mantra, « Comprendre les raisons tout en limitant le comportement inacceptable », doit être répété encore et encore si les parents des adolescents veulent avoir confiance dans leurs capacités de contrôle et être efficaces.

3

Défis du développement
Les parents ont aussi des besoins!

«Au plus profond de l'hiver, j'ai appris enfin qu'il y avait en moi un invincible été.»

(Albert Camus)

Les adolescents peuvent être si «dévorants» que les besoins des parents sont souvent relégués à l'arrière-plan. Néanmoins, la croissance personnelle se poursuit: talents et forces ont besoin d'être nourris et encouragés. Les parents ne devraient jamais permettre à leurs adolescents de contrôler totalement leur vie. Leurs propres besoins sont aussi importants.

Dans le chapitre précédent, nous avons examiné en détail les défis du développement propres aux adolescents. À la page suivante, vous trouverez de nouveau le tableau d'Eriksson, cette fois avec l'ajout des stades de développement de l'adulte.

Un jour, j'ai entendu un conférencier faire allusion au problème du fossé des générations causant du stress et des tensions dans les familles à la manière d'un complot diabolique dans l'ordre divin. Juste au moment où maman et papa sont frappés par leur propre crise du milieu de la vie, leur aîné entre dans l'arène de l'adolescence. Par conséquent, dans la même famille, vous trouverez papa se questionnant sur son cheminement de carrière et son besoin de raviver ses sentiments de jeunesse et son potentiel sexuel, maman qui se sent dépréciée et qui se demande où est passée son identité, et un adolescent voulant sa liberté et succombant aux tentations de la pression des pairs! Rien de surprenant à ce que le chaos règne dans beaucoup de familles où les parents sont dans

STADE	DÉFI/TÂCHE	SI LES BESOINS DE CE STADE NE SONT PAS SATISFAITS
Enfance Naissance à 18 mois	Sentiment de confiance	**Méfiance** – Mes besoins ne sont pas comblés. Le monde n'est pas un lieu sécuritaire.
Tout-petit 18 mois à 3 ans	Autonomie/Indépendance	**Honte et doute** – Je veux exprimer mon indépendance, mais on ne me le permet pas.
Stade du jeu 3 à 6 ans	Initiative – Saine estime de soi	**Culpabilité** – Quand j'essaie et que je commets une erreur, je m'attire des ennuis. Je dois être une personne stupide et mauvaise.
Stade scolaire 6 à 12 ans	Sens de la performance – Être compétent	**Infériorité** – Je ne peux rien faire d'aussi bien que les autres. Je ne suis pas le meilleur dans quoi que ce soit.
Adolescence	Identité – Qui suis-je? Où vais-je?	**Rôle, confusion** – Pourquoi dois-je faire les choses comme mes parents le veulent? Ne puis-je être moi-même? Je ne sais même pas qui je suis réellement.
Jeune adulte	**Intimité** – Apprendre de nouvelles responsabilités dans la famille et dans la carrière.	**Isolement** – Difficultés à établir des relations significatives.
Adulte	**Engagement social** – Implication dans la communauté, développement des intérêts/ de la carrière	**Stagnation** – Mécontentement, croissance personnelle entravée

la quarantaine et les ados, révoltés. À titre personnel, tout juste comme mon mari et moi atteignions l'inévitable carrefour, notre quarantaine, nous avions deux adolescentes, une fille de sept ans avec une volonté de fer et un tout-petit. Je vous l'assure, on avait du plaisir à revendre!

LE DÉFI DU DÉVELOPPEMENT MÉDIAN ADULTE

Eriksson appelle ce stade «Regénération *versus* Stagnation». C'est le plus long stade de développement, ayant lieu plus ou moins de 30 à 65 ans. Les parents doivent comprendre que l'enjeu essentiel, c'est que le développement psychologique/émotionnel ne cesse pas à 21 ou 25 ans, ou quand nous nous marions ou avons notre premier enfant. La croissance personnelle se poursuit toute la vie et, si nous visons à parenter efficacement la prochaine génération, nous avons assurément besoin de contrôler sans cesse notre propre développement émotionnel.

Je me souviens très bien d'un incident durant mes propres années d'adolescence quand j'ai demandé, avec humeur, une robe neuve pour un rendez-vous important. Mes parents avaient des difficultés financières et ma mère dévouée ne s'était pas achetée de robe depuis des années. Après qu'elle eut fermement souligné la chose à mon intention, j'ai répondu, et j'en ai honte : « Mais tu n'as pas besoin d'une nouvelle robe : tu es mariée ! »

Comme parents, nos vies doivent continuer et nous devons savoir combien c'est important... tout en offrant à nos adolescents l'engagement et la maîtrise qu'ils attendent de nous, pour rester en contact avec nos propres besoins développementaux. Durant ce stade de « Regénération », les adultes ont besoin de sentir que les gens ont besoin d'eux, qu'ils peuvent contribuer de façon significative et que leur vie a un but. Il y a un besoin impératif de transmettre l'information, la connaissance, les traditions et les valeurs.

Malheureusement, d'ordinaire, cela entre en conflit direct avec le besoin des adolescents de questionner et de tester les normes et les valeurs des adultes.

COMMENT LES PARENTS PEUVENT-ILS FAIRE FACE POSITIVEMENT À LEURS PROPRES PROBLÈMES DÉVELOPPEMENTAUX ?

- *Rappelez-vous que vos besoins sont aussi importants.* Les adolescents peuvent drainer le moindre millilitre de sang de vos veines ! Vous devez constamment vous rappeler, et leur rappeler, que vous êtes aussi une personne et que leurs besoins, quoiqu'ils soient très importants pour eux, ne peuvent pas toujours avoir préséance sur les vôtres.
- *Rappelez-vous que votre identité ne s'est pas fossilisée quand vous vous êtes marié et avez eu des enfants.* Alors que c'était, et que c'est toujours, une part extrêmement importante de votre vie, vous êtes toujours un individu unique au cœur de votre être et vous devez continuer de nourrir vos ambitions, vos buts et vos rêves.

- *Développez vos habiletés, vos talents et vos passe-temps.* Rebranchez-vous sur votre carrière. Étudiez à temps partiel pour le niveau ou le diplôme que vous savez pouvoir atteindre.

> «*Rêver à la personne que vous aimeriez être, c'est gaspiller la personne que vous êtes.*»
>
> (Anonyme, *Bouillon de poulet pour l'âme d'une mère*)

- *Regardez au-delà de la sécurité et du confort de votre foyer.* Impliquez-vous dans votre communauté. Les enfants ne vous remercieront pas d'avoir consacré votre vie d'adulte à leurs besoins. En fait, vous leur léguerez un sens de culpabilité : « Si maman/papa ont tant sacrifié pour nous (carrière, identité, rêves, buts, etc.), comment alors puis-je être égoïste au point de les quitter et vivre ma propre vie ? »
- *Consacrez du temps et de l'énergie à nourrir et bâtir des relations/liens sains* avec votre partenaire. Le plus beau cadeau que vous puissiez donner à vos enfants est d'avoir des relations adultes positives exemplaires. Cette assise sécuritaire permet à nos adolescents de se lancer graduellement dans leur propre avenir unique et plein de défis.
- *Trouvez des exutoires positifs pour vos émotions négatives* et ces inévitables frustrations que vivre avec un adolescent suscitera avec une quasi-certitude.
- *Demander l'aide d'un professionnel* si les choses semblent hors de contrôle et que vous ne percevez aucune lueur au bout du tunnel.

Être le parent d'un adolescent n'est jamais facile – même si vous avez la chance d'avoir l'un de ces enfants faciles et aimables –, mais la réalité incontournable est que ces adolescents ont besoin désespérément de parents forts, compétents et sûrs d'eux. Ils sont dans un tel état de confusion et de transformation que, la dernière chose qu'il leur faut, ce sont des parents en crise de milieu de vie.

ATTEINDRE L'ÉQUILIBRE

Le parentage est un exercice d'équilibre précaire. Quand votre enfant atteint l'adolescence, cet équilibre dépend de votre façon de contrôler efficacement la formation de son identité – avec tous les problèmes de changements hormonaux, de développement et d'exploration sexuels, de pression des pairs, etc. –, tout en gérant simultanément votre propre besoin de développer des intérêts hors de la maison et de travailler à résoudre vos propres défis de croissance personnelle. À ce stade, plus qu'à tout autre, la connaissance de soi et l'intériorité deviennent presque indispensables pour un parentage réussi et gratifiant.

BESOINS DES ENFANTS	vs	BESOINS DES PARENTS

FOSSÉ GÉNÉRATIONNEL ET CONFLITS DES VALEURS

Comment les différences développementales peuvent causer un conflit

Maintenant que nous avons exploré en détail les caractéristiques et les nombreux défis des stades de développement des adolescents et de leurs parents, nous devons jeter un bref regard sur les manifestations de stress et les tensions flagrantes dont on parle tant et qui sont causées par ces besoins et sentiments conflictuels.

C'est ce qui est à l'origine du fossé générationnel si redouté et le fait que cet abîme lié à l'âge causera presque certainement des mésententes, des conflits et des ruptures. D'après nos discussions antérieures, on peut clairement voir que les ferments du fossé entrent en scène dès que l'adolescent émergeant commence à s'éloigner du contrôle et de la sécurité de ses parents. Si on peut voir cela sous un éclairage positive (c'est-à-dire comme un stade développemental normal avec toutes les caractéristiques défavorables d'une crise appropriée à l'âge), alors on ne sera pas plongé dans un état de confusion et de panique.

Si nous pouvons simultanément dresser un bilan de notre propre stade développemental et de notre besoin adulte de flexibilité et de changement de mentalité (pour éviter d'être « coincé » et, comme le dit Eriksson, « stagnant »), alors nous éviterons la polarisation qui peut résulter d'un fossé générationnel qui devient rigide et inflexible. Essentiellement alors, un adolescent révolté en colère dans un coin et un parent encore fâché et intransigeant dans un autre ne peuvent que mener à une situation malheureuse et sans issue!

« Dans mon temps… »

Il n'y a pas de plus grande erreur que les parents d'un adolescent peuvent faire que celle où le parent contrôlant, intransigeant et autocratique insiste ou demande que l'adolescent fasse les choses selon les diktats du parent. « Dans mon temps, les enfants obéissaient à leurs parents… les respectaient… portaient une robe à l'église », etc.

Quoique, très probablement, les enfants se soumettaient, réprimaient leur besoin intérieur de révolte et sacrifiaient leur désir de laisser leur réelle identité émerger, ils le faisaient au prix énorme à long terme de ne pas atteindre ce que leur voix intérieure les pressait de viser: une saine séparation psychologique de leurs parents, tout en découvrant simultanément leur identité réelle et développant leur propre ensemble de valeurs.

L'indéniable vérité, c'est qu'il est naturel du point de vue développemental de se rebeller et d'expérimenter durant l'adolescence afin d'émerger en jeune adulte avec un sentiment d'identité mature et sûr. Comme je l'ai déjà souligné, beaucoup de crises adultes de la quarantaine sont en fait le résultat d'un échec dans la formation de l'identité à l'adolescence. *Il est supposé y avoir un fossé des générations!* Pour les parents, le défi consiste à se mettre dans les souliers de l'adolescent, essayer de vraiment comprendre le monde pour lequel ils se préparent, avec tous ses défis et tentations. Pour comprendre que, en dépit de nos propres stress et tensions de développement, nous sommes les adultes. Si nous travaillons à bâtir notre estime de soi adulte et affrontons les défis de notre propre croissance personnelle, alors, selon toute vraisemblance, nous serons mieux équipés pour maintenir un sens de l'équilibre et nous ne nous laisserons pas décourager par les pièges inhérents à la réalité de générations différentes tentant de cohabiter sous le même toit.

Conflits de valeurs

Finalement, en s'allouant du temps pour prendre ses distances face aux besoins développementaux de nos adolescents et s'arrêter au fait que

les parents d'adolescents ont aussi des besoins développementaux, il est important de souligner les raisons des tristes luttes de pouvoir émotionnellement débilitantes qui forment une énorme partie de la relation parent/enfant souvent en détérioration.

Si le parent insiste catégoriquement pour que son adolescent fasse les choses exactement comme il le lui demande (et si l'adolescent est « normal », c'est-à-dire avec un côté têtu et un besoin inné de rébellion), le décor est alors planté pour un voyage malheureux et dysfonctionnel.

Durant l'adolescence, on doit commencer à être moins ferme, particulièrement en ce qui a trait aux problèmes de moindre importance, comme une chambre parfaitement rangée, porter un haut sans bretelles à l'église ou un costume noir au 90e anniversaire de naissance de l'arrière-grand-maman. Les problèmes de relation avec les adolescents tournent souvent autour des conflits de valeurs. Nous devons montrer du respect pour leurs valeurs émergentes, même si nous sommes incapables de les approuver.

DÉFINIR DES VALEURS

Nos valeurs forment un système de convictions intégrées qui gouvernent notre comportement et influencent notre façon de vivre. Les valeurs ne sont pas fixes; elles peuvent changer à mesure qu'on vieillit.

Les valeurs se développent inconsciemment depuis nos toutes premières années, en commençant à la maison sous l'influence des parents, puis se poursuivant tout au long des années d'école et sous l'influence des pairs, des professeurs et des autres adultes significatifs, et des expériences de vie.

Il est important que nous développions notre système de valeurs personnel par le libre choix et l'examen attentif de nombreuses alternatives.

Il est important que nous sachions ce que sont nos valeurs et que nous les chérissions et en soyons fiers, que nous les défendions et agissions en conséquence et que nous les communiquions clairement aux autres, nos enfants en particulier.

Quoique nous puissions insister sur certaines normes de comportement auprès de nos enfants en croissance, nous ne pouvons pas leur imposer nos valeurs. Les enfants adopteront probablement nos valeurs si nous vivons en conformité avec elles et s'ils peuvent voir qu'elles nous servent bien.

Les enfants qui se sentent forcés d'adopter une valeur à laquelle vous tenez fermement peuvent en venir à l'utiliser comme moyen puissant de vous contrôler négativement quand votre relation traverse les inévitables passages difficiles.

Quand les enfants atteignent l'adolescence, ils ont besoin de formuler leurs propres valeurs. Ils vont probablement tester un grand nombre d'idées et de croyances possibles et critiquer des valeurs que, jusqu'alors, ils avaient adoptées sans questionner. À ce stade crucial, il est très important de traiter les valeurs de nos adolescents avec le même respect que nous attendons qu'il montre pour les nôtres.

> *On fait l'expérience des valeurs à la fois ouvertement et secrète-*
> *ment. Les valeurs ouvertes sont exprimées par votre habillement et*
> *votre apparence, vos amis, les livres que vous lisez, etc. Les valeurs*
> *secrètes sont celles dont vous n'êtes pas toujours conscient. Elles*
> *comprennent votre ambition de gagner à tout prix, la quête d'appro-*
> *bation, le perfectionnisme, s'occuper d'autrui, la loyauté, etc.*
>
> (Tiré de *Positive Parenting Manual – Skills for South African Parents*)

Nous reviendrons sur l'épineuse question des conflits de valeurs dans les chapitres suivants. À cette étape-ci, qu'il suffise de répéter qu'il nous faut consacrer du temps pour saisir ces notions de base si nous voulons poser les assises pour fixer efficacement les limites si importantes pour le parentage positif des adolescents. Essentiellement, si nous, comme adultes, comprenons nos défis et nos besoins développementaux, nous ferons preuve de plus d'ouverture d'esprit et, par conséquent, nous devrions affronter plus efficacement les défis présentés par l'inévitable crise développementale de notre adolescent. C'est un stade crucial pour lâcher prise et permettre à nos enfants de commencer à faire d'importants choix de mode de vie et de valeurs.

La citation qui suit, tirée du livre *Le prophète* de Kahlil Gibran, met cela en perspective.

> «*Vos enfants ne sont pas vos enfants. Ils sont les fils et les filles de*
> *l'appel de la vie à elle-même. Ils viennent à travers vous, mais non de*
> *vous, et bien qu'ils soient avec vous… ils ne vous appartiennent pas.*
> *Vous pouvez leur donner votre amour, mais non vos pensées, car*
> *ils ont leurs propres pensées. Vous pouvez abriter leurs corps mais*
> *non leurs âmes, car leurs âmes habitent la maison de demain,*
> *que vous ne pouvez visiter, même dans vos rêves. Vous pouvez*
> *vous efforcer d'être comme eux, mais ne cherchez pas à les faire*
> *comme vous. Car la vie ne recule pas, ni ne s'attarde à hier. Vous*
> *êtes les arcs par lesquels vos enfants, comme des flèches vivantes,*
> *sont projetés.*»

RÉSUMÉ

- Comme parent d'un adolescent, vous traversez aussi votre propre stade de développement, avec ses propres défis et ses propres pressions.
- Erik Eriksson appelle ce stade « Regénération *versus* Stagnation ». Il couvre les années médianes de la vie et l'aspect essentiel consiste pour vous, comme adulte, à sentir que vous êtes utile… non uniquement pour votre famille immédiate, mais aussi pour une société plus vaste.
- Il est important de travailler sur votre croissance personnelle, comme de développer des intérêts ou de vous rebrancher sur des carrières. Les adolescents ont besoin de parents qui ont une estime de soi positive.
- La tension du conflit entre les besoins et les valeurs mène au fossé des générations si redouté.
- Les relations saines entre parents et adolescents impliquent d'apprendre à lâcher prise graduellement et permettre à votre adolescent de commencer à faire ses choix en ce qui concerne son futur mode de vie et ses valeurs.
- Ces choix peuvent ne pas être ce que vous auriez choisi! Ils doivent être permis pour mettre en œuvre graduellement les buts à moyen et long terme de leur vie adulte.

> *« Ce qui jaillit de la fontaine, revient à la fontaine. »*
>
> (Henry Wadsworth Longfellow)

Et les grands-parents?

Créer un lien spécial

> *« Bâtissez des souvenirs avec vos (petits-)enfants, passez du temps à leur montrer qu'ils sont importants, les jouets et les pacotilles ne peuvent remplacer ces précieux moments que vous partagez.»*
>
> (Elaine Hardt)

Aucun livre sur le parentage ne devrait omettre de mentionner au moins une fois le rôle très important des grands-parents. C'est tout un défi pour les nouveaux grands-parents excités et bien intentionnés de trouver cet équilibre complexe entre l'implication utile et l'objectivité détachée.

Les défis auxquels font face les grands-parents d'adolescents en devenir sont encore plus compliqués ; par conséquent, prenez le temps d'y penser ! Si les parents d'adolescents trouvent difficile de s'adapter aux rapides progrès technologiques et aux vicissitudes du fossé générationnel, alors les grands-parents et, parfois même les arrières grands-parents, ont-ils même une chance ?

Jetons un coup d'œil sur quelques exemples de l'état du monde en 1943, au moment où un grand-parent d'aujourd'hui venait au monde.

- Les enfants étaient vus et non entendus.
- Le châtiment corporel était le mode de discipline accepté.
- L'exploration de l'espace faisait partie de la science-fiction.
- Un voyage vers le Royaume-Uni prenait 10 jours en paquebot (ce qui était toutefois déconseillé durant la Deuxième Guerre mondiale !).
- Les événements sociaux des adolescents étaient soigneusement chaperonnés.

- Il n'y avait aucun ordinateur disponible, ni aucun des gadgets et des bidules qui en résultent.
- Les téléphones étaient solidement attachés à des fils.

Par conséquent, il n'est pas surprenant que même le grand-parent à l'esprit le plus ouvert et le plus affranchi trouve difficile de se lier à ses petits-enfants adolescents. Se sentant à la limite de leurs capacités à cause des demandes, des sautes d'humeur et de l'égocentrisme de leur progéniture adolescente, les parents de ceux-ci peuvent aussi se montrer irrités et impatients devant les attitudes et les commentaires critiques exprimés par leurs propres parents. Ils réalisent souvent que leurs parents ont tout à fait raison, mais les critiques et les avis non sollicités ne font qu'exacerber leurs faibles seuils de tolérance.

Commentaires souvent exprimés par des grands-parents bien intentionnés.

«Dans mon temps, un enfant de 14 ans ne s'en serait pas tiré après avoir parlé de cette façon à un parent», ou

«Tu ne vas sûrement pas permettre à Alex d'aller à la fête? C'est là où les enfants sont influencés à boire de l'alcool et prendre de la drogue», ou

«Prends-lui son téléphone cellulaire. Il a oublié la façon de communiquer comme une personne normale.»

Ces commentaires (bien intentionnés!) ajoutent une nouvelle dimension à l'expression «le fossé générationnel». Nous avons ici une énorme disparité entre trois générations:

Un grand-parent né en 1943
Un parent né en 1966, 23 ans plus tard
Un adolescent né en 1998, 55 ans plus tard

Chacune des générations ci-dessus est née dans un monde différent où les attentes, les pressions, les valeurs et la pression des pairs étaient différentes. Tel que souligné tout au long de mon livre, la base de la coopération, de l'empathie et de la compréhension sereine réside dans

la capacité des adultes dans l'équation de communiquer aussi efficacement et positivement que possible.

Les grands-parents viennent d'un monde qui était grandement différent quand ils étaient adolescents. Les plus jeunes membres de la famille
(tant les parents que les enfants) doivent faire preuve de patience et de
compréhension et chercher les nombreuses contributions positives que
les grands-parents peuvent offrir à leurs petits-enfants.

CERTAINES RAISONS POUR LESQUELLES LES GRANDS-PARENTS SONT SI IMPORTANTS POUR LEURS PETITS-ENFANTS

- N'ayant pas la responsabilité directe de leurs petits-enfants, ils peuvent
  donc être plus objectifs.
- D'habitude, ils disposent de plus de temps pour pratiquer ces habiletés d'écoute si essentielles et manifester de l'empathie. À cause de la
  plus longue espérance de vie et du temps de travail prolongé, beaucoup de grands-parents peuvent avoir moins de temps de loisir que
  les grands-parents d'il y a 50 ans. Cependant, il est probable que les
  grands-parents de 70 ans auront plus de « temps d'écoute » disponible
  que leurs enfants affairés et impliqués socialement.
- Les grands-parents peuvent aussi jouer un rôle essentiel de médiateur
  en interprétant le comportement et les sentiments manifestés par leur
  propre enfant et leur petit-enfant. Par exemple : « Jessica, je peux voir
  que tu es très fâchée contre ton père parce qu'il ne te permet pas de
  sortir deux soirs cette semaine. Il t'aime beaucoup et il s'inquiète que
  tu prennes du retard dans tes travaux scolaires. » Ensuite, cette calme
  et patiente grand-maman peut aussi glisser en douceur dans l'oreille
  de son fils : « Ne sois pas trop dur avec Jessica ; elle est très déçue et
  elle a seulement besoin que tu comprennes comment elle se sent.
  Cela ne signifie pas que tu doives déplacer les limites. »
- Les grands-parents peuvent offrir aux adolescents confus et rebelles
  un « havre de paix » sûr ; un sentiment sécuritaire d'encadrement et
  d'amour inconditionnel quand le monde semble hostile et critique.
  Une adolescente très rebelle et exclue m'a dit déjà : « Ma mère est
  toujours trop occupée et très prompte à s'emporter. Mon père vivant
  au Royaume-Uni, je ne le vois qu'en décembre. Je ne sais pas ce que je
  ferais sans ma grand-mère et mon grand-père. Ils sont vraiment d'une

autre époque et ils me rendent folle parfois – surtout mon grand-père qui n'arrête jamais de dire combien il a dû lutter quand il avait mon âge –, mais ils prennent vraiment soin de moi et je peux simplement me détendre et être moi-même quand je vais les visiter. J'aime particulièrement être seule avec eux.»

STRATÉGIES DE SURVIE POUR LES GRANDS-PARENTS

Dans mon premier livre, *Les enfants ont besoin de limites,* j'ai inclus un chapitre sur les grands-parents. Si des liens positifs ont été établis durant les premières années, alors la relation grands-parents-adolescents devrait se passer relativement bien. Si elle n'est pas aussi chaleureuse que vous le souhaitez, il vaut alors la peine d'y investir un surplus d'efforts et, espérons-le, les chapitres sur l'établissement des relations vous aideront.

• *Ayez l'esprit ouvert.* Découvrez leur monde et leurs intérêts. Les esprits fermés, les attitudes critiques et les comparaisons sévères ne favoriseront pas des liens positifs. Une grand-mère très seule de 76 ans m'a fait cette remarque durant une séance de counselling : «Je ne comprends vraiment pas la génération moderne. Mon fils et sa famille ont fait du sport un dieu. Ce n'est que football, hockey, cyclisme et natation. J'aime la musique et l'art. J'aimerais qu'ils s'intéressent à ce que je fais.»

Durant nos séances, j'ai tenté de l'aider à voir combien sa vie serait plus riche si elle pouvait faire quelques concessions. Je lui ai conseillé de poser des questions, de montrer combien elle s'y connaît peu et de laisser son petit-fils l'informer. Par exemple, elle pouvait dire quelque chose comme : « J'ai tant appris sur le football et le hockey. Maintenant, je vais te montrer quelques dessins que j'ai réalisés dans mon cours d'art. » Quelques semaines plus tard, elle déclarait joyeusement que c'était exactement ce qui s'était produit ! Cela m'a rappelé, une fois de plus, la cinquième habitude de Steven Covey : *« Cherchez d'abord à comprendre… puis à être compris. »*

- *Quand le temps est opportun, partagez votre monde avec eux.* Ils semblent souvent préoccupés et impatients, constamment à s'envoyer des textos et des courriels. Créez un moment spécial en invitant vos petits-enfants à un dîner aux chandelles et mettez-y beaucoup d'efforts : fleurs, vaisselle et couverts spéciaux. Dites-leur : « Pas de cellulaires ou autres interruptions. » Puis dites quelque chose comme : « Je sais qu'il peut être ennuyant d'écouter les histoires de "l'ancien temps". Toutefois, nous ne serons pas là pour toujours et nous aimerions vous montrer quelques photos spéciales et vous raconter les histoires qu'elles évoquent, afin qu'un jour vous puissiez les raconter à vos enfants. » La plupart des adolescents adorent se sentir spéciaux et les grands-parents peuvent souvent satisfaire ce besoin, tandis que les parents sont souvent trop occupés et stressés pour le faire d'une façon analogue.

- *Montrez votre vulnérabilité.* Au-delà de la « carapace extérieure » d'indépendance, de désintérêt, de rupture avec la famille et d'arrogance affichée par la plupart des adolescents, il y a habituellement un cœur humain qui bat quelque part à l'intérieur ! Un grand-parent qui ne peut retrouver ses lunettes, ou qui a besoin d'aide pour se relever d'une chaise, ou d'un bras à tenir pour marcher sur une surface inégale, peut souvent pénétrer cette dure carapace extérieure. Demandez directement leur aide : « Je te serais si reconnaissante si tu pouvais me faire une tasse de thé. Mon dos me joue vraiment des tours et ce serait vraiment merveilleux de me faire servir ! »

- *Félicitez-les et encouragez-les.* Les adolescents sont dans le stade de développement où même le plus sûr de soi et le plus facile à vivre d'entre eux devient incertain et l'estime de soi semble encaisser un énorme coup. Les nerfs des parents sont à vif et les seuils de patience sont sans cesse lessivés. Comme grands-parents, vous pouvez vous impliquer et jouer un rôle très important en soutenant les égos instables et en injectant une dose de confiance en soi.

« Que ferais-je sans tes jeunes yeux ? »

« Il est tellement rassurant d'avoir un bras solide sur lequel s'appuyer. »

« Entendre tes nouvelles excitantes et avoir un peu de bruit dans la maison est tellement bienvenu. Nous menons une vie si tranquille quand tu n'es pas là. »

Chacun de ces commentaires éloquents et positifs peut jouer un grand rôle en vue de rétablir la perception de soi de l'adolescent dans le sens de : « Peut-être que je suis correct, parfois. »

• *Créer des souvenirs spéciaux.* Les grands-parents peuvent offrir ces merveilleuses occasions spéciales partagées. J'ai tant de beaux souvenirs d'avoir aidé ma grand-mère à faire le gâteau de Noël. Assises sur les marches de la cuisine, ma sœur et moi brisions les amandes pour ensuite les faire tremper afin de les émonder. Encore maintenant, bien que grand-mère moi-même, je ressens cette même ambiance chaleureuse quand je mêle les ingrédients pour le gâteau de Noël. Même les adolescents au « cœur le plus dur » deviennent moins au-dessus des autres et moins belliqueux quand ils sont impliqués dans ces événements spéciaux et les rituels familiaux bien établis.

CERTAINES RÈGLES POUR LES GRANDS-PARENTS

La règle fondamentale pour les grands-parents : refoulez la tentation de critiquer, comparer, donner des avis non sollicités ou de passer des commentaires critiques !

• Suivant de près derrière se trouve le « péché » de *montrer un favoritisme flagrant.* Il est très difficile pour un grand-parent de traiter tous les petits-enfants de la même façon et de ressentir un amour égal pour chacun. Visez à chercher des aspects positifs et à développer une relation spéciale et unique avec chacun d'eux. Il est très éprouvant de se sentir bien disposé envers un petit-enfant abrasif, sec et cynique ; vous devez donc travailler fort pour séparer le comportement de l'enfant et signifier très clairement que c'est au comportement que vous vous opposez. « Je trouve très difficile de parler à quelqu'un qui refuse de me répondre poliment. Reviens quand nous pourrons avoir une conversation correcte. »

- *Évitez de critiquer l'un des parents de l'adolescent* et permettre à vos problèmes personnels d'interférer dans votre relation avec votre petit-enfant. Par exemple, il peut y avoir des affaires non réglées en rapport avec un beau-fils/belle-fille ; peut-être n'avez-vous jamais été capable de combler un abîme qui s'est créé au début de votre relation avec l'épouse de votre fils, et elle est maintenant la mère de ce petit-fils qui est un adolescent rebelle. Vous vous sentez très négatif et, dans votre for intérieur, vous pensez à peu près ceci : « Bien sûr, c'est une question de telle mère, tel fils. Ils sont issus du même moule : il n'est pas étonnant qu'il soit aussi insupportable ! » Sans aucun doute, votre état d'esprit influencera votre attitude et influencera négativement votre relation avec le fils de votre fils, ce qui serait d'une très grande tristesse et, au bout du compte, une perte pour vous. N'oubliez pas qu'il est toujours trop tard pour rétablir des relations quand on est couché sur son lit de mort. Jusque-là, vous avez toujours une chance.
- *Évitez la rigidité.* L'un des problèmes du vieillissement, c'est la tendance à devenir rigide et inflexible. J'ai souvent entendu des gens dire : « S'il est contrôlant à ce point maintenant, qu'est-ce que ce sera en vieillissant ! » L'adulte intransigeant de 30 ans peut devenir un vieil homme de 60 ans terriblement buté, qui est convaincu d'avoir toujours raison. D'un autre côté, si les grands-parents gardent l'esprit ouvert et restent souples dans leurs attitudes, ils continueront à croître et à se développer, évitant ainsi de devenir sclérosés et débranchés.

LES GRANDS-PARENTS ET LE DIVORCE

Cela peut être une très triste situation. Quand les enfants ont atteint l'adolescence et que leurs parents décident de divorcer, ils peuvent être très affectés par la perturbation causée au réseau familial. Les parents doivent comprendre que les adolescents subissent assez de stress développemental sans ajouter la tension accrue de voir leurs relations avec les grands-parents aussi perturbées.

Cela peut se produire si facilement quand un parent ressent de l'amertume et du ressentiment à l'égard de l'autre : «Tu as voulu le divorce et, maintenant, tu t'attends à ce que j'accueille tes parents chez moi.» Et l'autre parent de répliquer : «Je m'attendais à ce que tu réagisses comme ça. Nous pouvons être divorcés, mais mes parents sont toujours les grands-parents des enfants. Pourquoi devraient-ils souffrir parce que tu es incapable de dépasser ton ressentiment à mon égard?» Et ainsi de suite.

Comme grand-parent triste et blessé, essayez de mettre vos opinions et vos sentiments personnels de côté. Soyez l'adulte mature et émotionnellement intelligent et tendez une branche d'olivier à votre fils ou à votre belle-fille. Venez-en à une entente calme et mutuellement acceptable articulée autour de la façon de reconstruire votre relation, et continuer d'être un grand-parent activement impliqué. Les adolescents qui ont une relation étroite avec leurs grands-parents devraient être impliqués à trouver des solutions aux problèmes engendrés par le divorce. Durant cette période turbulente et déstabilisante vous, les grands-parents, pouvez être un véritable «havre de paix dans la tempête» pour vos petits-enfants adolescents.

Durant une séance de counselling, un garçon de 15 ans m'a confié quelque chose en ce sens : «Maman et papa ne peuvent même pas se parler de façon civilisée. La maison est comme un champ de bataille. En fait, j'ai hâte que le divorce ait lieu. En attendant, je vais chez les parents de mon père aussi souvent que possible parce que c'est normal là-bas. Je sens que je peux respirer et relaxer, sans me demander qui va piquer la prochaine crise.»

Bref, les années d'adolescence sont notoirement turbulentes. La calme prévisibilité de grands-parents sûrs d'eux-mêmes, fiables et liés positivement, peut restaurer l'équilibre dans la vie de votre petit-enfant adolescent.

RÉSUMÉ

- Le monde dans lequel les enfants grandissent aujourd'hui est quasi méconnaissable par rapport à celui dans lequel leurs grands-parents ont grandi.
- Les grands-parents ont un rôle très important à jouer dans la vie de leurs petits-enfants, comme…
  - auditeurs disponibles, qui ne portent pas de jugement ;
  - médiateurs calmes et objectifs ;
  - lien essentiel entre le passé et l'avenir ;
  - oasis de valeurs bonnes et anciennes dans un monde en changement, exigeant et désorientant.
- Conseils aux grands-parents.
  - Ayez l'esprit ouvert et essayez de comprendre leur monde.
  - Évitez les comparaisons entre vos petits-enfants.
  - Montrez votre vulnérabilité ; demandez-leur de l'aide.
  - Ne critiquez pas leurs parents, particulièrement en cas de divorce.
  - Créez des souvenirs heureux. C'est le plus bel héritage que vous puissiez leur laisser.

> « Et quand l'un de nous sera parti
> et que l'un de nous restera pour continuer,
> alors il faudra se souvenir,
> seuls nos souvenirs nous permettront de tenir le coup.
> Pense à ces jours qui nous appartenaient à toi et moi.
> Toi et moi contre le monde. »
>
> (Paul Williams et Ken Archer, *You and me against the world*)

Adolescents et stress

Affaires de famille

> «C'est une telle contradiction: d'un côté, j'ai envie de me libérer de cette famille, d'être moi-même et de vivre mes rêves; pourtant, en même temps, j'ai désespérément besoin de cet endroit où je suis aimé et accepté. Que cet endroit sécuritaire et confortable, parfois irritant et ennuyant, ait été déchiré par le divorce de mes parents a complètement bouleversé tous mes sentiments de sécurité et de révisibilité.»
>
> (Écrit en counselling par un jeune de 15 ans)

Au chapitre 2, nous avons jeté un regard minutieux sur les défis imposés par les tâches développementales requises pour naviguer avec succès dans les eaux turbulentes de l'adolescence. Il est très évident qu'être simplement un adolescent est très stressant, surtout à ce moment de l'histoire de l'humanité. C'est probablement le stade le plus critique pour une structure familiale sécuritaire, calme et prévisible; pourtant, pour beaucoup d'adolescents, leurs propres luttes et pressions font pâle figure devant les nombreux problèmes d'ordre parental qu'ils ont souvent à gérer.

Il n'y a jamais de période idéale pour affronter les perturbations et les traumatismes familiaux. Les gens ont fréquemment posé des questions tournant autour de: «À quel moment de son développement l'enfant peut-il mieux faire face à des perturbations comme le divorce, le changement d'école, etc.?» La réponse est qu'il n'y a pas de «période idéale». Beaucoup de parents présument que, les adolescents ayant commencé à s'éloigner, à devenir indépendants et étant moins centrés sur leurs propres sentiments et besoins, ils s'adapteront mieux aux perturbations familiales que ne le ferait un enfant plus jeune. Les adolescents semblent désintéressés face aux besoins et sentiments de leurs parents et leur groupe de pairs paraît beaucoup plus important. Ils présentent souvent un personnage de façade dur et indépendant, qui veut laisser croire que tout est sous contrôle ; or, il est facile d'être leurré et ne pas aller au-delà de cette façade.

RIEN NE SAURAIT ÊTRE PLUS ÉLOIGNÉ DE LA VÉRITÉ

En fait, la vérité se situe très loin des observations extérieures et c'est ce qui explique une part de la confusion des parents. Ce dont ces adolescents invincibles au-dehors ont vraiment besoin, ce sont des parents forts et compétents.

- Ils ont besoin de parents qui peuvent leur procurer une rampe de lancement solide. Les sables mouvants ne sont pas une bonne surface de lancement.
- Ils ont besoin d'un havre sécuritaire et nourricier où se retirer quand leur monde d'adolescent est confus et exigeant.
- Ils ont besoin de sentir qu'ils peuvent avoir confiance dans les adultes importants de leur vie. Cela signifie une communication honnête et ouverte.
- Ils ont besoin de parents qui peuvent leur offrir des modèles positifs du rôle de l'adulte.
- Ils ont besoin de parents qui ont pleinement établi leurs valeurs, impliquant des codes moraux matures et cohérents : un parent qui triche et qui ment ouvertement ne peut pas s'attendre à ce que l'adolescent ne suive pas son exemple.

Par conséquent, chaque fois que votre adolescent fait jouer ses muscles d'indépendance et de liberté, il a probablement besoin que vous soyez son meilleur soutien possible et stable émotionnellement.

Vous trouverez dans les pages suivantes un bref survol de quelques stress familiaux affrontés par les adolescents et leurs familles, et d'importantes stratégies d'adaptation pour les parents.

DISCORDE CONJUGALE

Ce n'est une situation positive pour aucune des parties impliquées. Personne ne tire avantage d'être exposé à un conflit et des tensions continus et, peu importe leur âge, tous les enfants sont très négativement affectés. L'hostilité parentale et l'acrimonie ouverte présentent aux enfants impressionnables un piètre modèle du rôle de l'adulte. Le conflit en soi n'est pas le problème. En fait, quand des enfants en développement voient que des adultes peuvent être en désaccord et manifester des émotions négatives, etc., mais qu'ils sont capables de régler leurs différends avec maturité et trouver des solutions applicables, cela fournit d'excellents exemples de résolution de conflit et d'habiletés de négociation.

Vivre dans une zone de guerre émotionnelle entraîne aussi les enfants à développer des mécanismes de défense pour s'adapter. Ils apprennent à éviter les problèmes et ils utilisent l'énergie émotionnelle pour essayer de donner du sens à la colère de l'adulte. Ils prennent parti ; par exemple, un enfant peut devenir le protecteur de maman, tandis que l'autre est l'allié de papa. Ils répriment leurs propres vrais sentiments dans un effort pour éviter d'aggraver la situation et ils peuvent projeter leur insécurité intérieure et leur colère vers des cibles plus « sûres » en se conduisant mal à l'école ou intimidant d'autres enfants.

Quand la maison devient un champ de bataille permanent et que les parents n'ont pas la volonté, ou sont incapables, de chercher une aide urgente auprès d'un professionnel, le risque que les enfants et les jeunes développent des problèmes plus graves à l'adolescence s'accroît de façon alarmante. La recherche démontre que, sans doute aucun, les enfants de foyers chroniquement dysfonctionnels sont définitivement plus à risque de succomber aux abus de substances, aux troubles de l'alimentation, à l'automutilation, à la dépression et, dans les cas extrêmes, au suicide.

Note pour les parents – On doit souligner ici que les conflits et les périodes de crise se produisent en soi dans toutes les relations ; par conséquent, il serait irréaliste de s'attendre à l'équilibre et l'harmonie idéale dans nos relations d'adultes. Cependant, si nous vivons avec d'intolérables niveaux de stress non résolu et de disharmonie, nous devons nous mobiliser : soit pour résoudre les problèmes aussi positivement que possible, soit pour changer la situation.

DIVORCE

Selon les statistiques disponibles, le taux de divorce se situe autour de 48 %. Ce qui signifie que des enfants de tous âges sont affectés par cette situation. Presque tous les enfants interviewés affirment qu'ils préféreraient que leurs parents soient toujours ensemble, malgré les problèmes. C'est seulement quand certaines formes d'abus deviennent prédominantes et que les niveaux d'agression augmentent à des niveaux intolérables que les enfants sentent vraiment qu'il serait préférable que leurs parents se séparent. Beaucoup d'adolescents auxquels j'ai parlé ont émis des commentaires comme :

« Ils n'ont même pas essayé. Ils n'ont assisté qu'à quatre séances de counselling, puis papa a déménagé. »

« Je ne ferai jamais cela à mes enfants. Ils sont tous les deux devenus tellement en colère… et ni l'un ni l'autre n'était apte à tenter de comprendre l'autre. »

La loi n'arrange pas tout miraculeusement

Bien sûr, avant d'en arriver à la solution ultime du divorce, les couples peuvent recourir à toute une gamme de services – soit thérapeutiques, soit juridiques –, pour tenter de résoudre leurs problèmes afin de « sauver » leur union.

Que le couple se prête ou non à de telles tentatives de réconciliation et que la séparation, puis le divorce deviennent les seules issues, il n'en demeure pas moins qu'ils demeurent tous deux les parents de leurs enfants. Comme époux, ils peuvent avoir échoué à sauver leur relation, mais ils ne partagent pas moins la responsabilité du coparentage de leurs enfants. Que cette responsabilité soit encadrée par une entente de gré à gré convenue entre les parents ou qu'elle soit définie par un jugement de la cour, la loi (et la jurisprudence) fait en sorte que les enfants soient préservés le plus possible des effets négatifs du divorce et de la situation qui en découle.

Cela dit, peu importe la formule de garde des enfants qui est appliquée, il reste que tous les effets négatifs ne peuvent être évités et que les enfants ne peuvent être mis à l'abri de toutes les séquelles de l'éclatement de leur famille. Et, si ces enfants sont des adolescents, les effets du divorce se combinent à la propre crise de développement qu'ils traversent. Il est donc important de prendre en considération leurs besoins particuliers.

Aider les adolescents à affronter les effets du divorce

- *Essayez d'être ensemble quand vous leur en parlez.* Que les deux parents soient présents aide les adolescents à entendre la même histoire, au même moment, par vous deux. D'habitude, ils seront déjà conscients de la situation car, en général, ils auront perçu très bien les tensions continues sous-jacentes, même s'il n'y a pas eu d'acrimonie ouverte.
- *Tâchez d'être le plus objectif possible.* Essayez de ne pas mettre le blâme sur l'autre. Cela ne fait qu'augmenter l'anxiété et la confusion. Essayez de le dire en adoptant la position que vous êtes tous deux responsables de la rupture de communication et, par conséquent, de l'état irréparable de la relation.
- *Pensez à l'enfant d'abord.* Rappelez-vous que votre enfant a deux parents biologiques et s'attendre à ce qu'il prenne parti ne fera qu'entraîner une profonde détresse émotionnelle, souvent avec des manifestations physiques. Rassurez-le sur le fait qu'il a toujours deux parents qui l'aiment autant qu'avant.
- *Laissez les sentiments s'exprimer.* Certains adolescents réagiront stoïquement et durement : « Et puis ? C'est votre problème. Vous avez foiré, laissez-moi tranquille. » D'autres réagiront avec une profonde détresse et de la colère, tandis que d'autres peuvent réagir de façon tout à fait égocentrique : « Bon, tant qu'on continue de vivre dans cette maison, je m'en fous de l'endroit où tu vas vivre, papa. » Puis il y a ceux qui ne montreront aucune réelle émotion, refoulant et évitant toute expression émotionnelle. Ce sont les adolescents sur lesquels il faut se concentrer. Ils peuvent avoir besoin que vous décodiez leurs sentiments délicatement : pour les aider à s'ouvrir et éviter qu'ils refoulent leurs émotions. Souvent, les parents peuvent mal interpréter cette réaction et présumer que l'adolescent va bien, alors qu'en réalité ils deviennent des autocuiseurs n'attendant que d'exploser ou, beaucoup plus inquiétant, d'imploser.
- *Mettez des structures en place pour rétablir la routine et la sécurité* dès que possible. Rappelez-vous ma déclaration à l'effet du besoin de l'adolescent d'une rampe de lancement solide et qui vise à le rassurer

en ce qui concerne les plans d'avenir, particulièrement quand d'importants changements doivent survenir.

• *Gardez à l'esprit leur égocentrisme.* Les adolescents sont notoirement centrés sur eux-mêmes et une bonne part de leur confusion provient des changements intérieurs, à la fois physiques et psychologiques. Par conséquent, ils peuvent réagir plus vigoureusement aux inconvénients qu'ils perçoivent qu'aux problèmes émotionnels plus profonds : « Si on doit déménager là-bas, je vais devoir me lever une demi-heure plus tôt pour aller à l'école. Y as-tu pensé ou ne penses-tu qu'à toi ? »

• *Soyez conscient de l'impact de la pression des pairs.* Nous savons que les adolescents sont énormément influencés par les opinions et les perceptions de leur groupe de pairs : « Qu'est-ce qu'ils vont tous penser si nous déménageons dans ce quartier ? Personne ne voudra venir chez nous. Ils adorent notre salle de jeu et notre piscine. » Ou « Je préférerais vivre avec papa. Il a toujours la télévision payante et un écran géant. » Essayez de demeurer calme et patient et rappelez-vous que tout cela fait partie de leur stade de développement. Rappelez-vous vos habiletés d'écoute et d'empathie et exprimez tout sentiment négatif que vous ressentez (et que vous avez le droit de ressentir) par le biais des messages fermes au Je : « Je comprends combien c'est difficile pour toi mais, s'il te plaît, essaie de me parler de façon plus respectueuse et moins matérialiste. »

• *Cherchez de l'aide externe, d'abord pour vous-mêmes.* Les enfants et les adolescents sont habituellement bien quand leurs parents vont raisonnablement bien. Gardez des limites claires et fermes, même pendant que votre nouvelle situation oblige une re-négociation des limites antérieurement établies. Gardez aussi vos problèmes et vos préoccupations d'adultes aussi séparés que possible des problèmes de parentage de vos adolescents. Beaucoup de parents aux intentions sincèrement positives envoient leurs enfants en thérapie avant qu'ils n'aient eux-mêmes consulté en counselling. Dans la plupart des cas, ce devrait être les parents qui cherchent une intervention. Quand ils s'adaptent, leurs enfants s'adaptent aussi habituellement. Toutefois, quand les parents sont eux-mêmes divisés intérieurement et démunis à cause de sentiments négatifs, il est très important de trouver un endroit sécuritaire pour que les enfants se sentent compris et encadrés. Cela dit, je dois souligner que beaucoup d'adolescents ont exprimé un profond ressentiment devant moi quand ils se sentent obligés d'aller en counselling : « Mes parents sont en pleine pagaille et c'est moi qu'ils envoient en counselling. Il n'y a rien qui n'aille pas chez moi ! » Un thérapeute compétent sera capable de gérer la résistance ; par conséquent, persévérez. Toutefois, il y a un conseil que je donne souvent aux parents qui traversent des perturbations familiales : mettez l'accent sur le fait que vous avez le problème et que vous n'arrivez pas à faire face ; or donc, vous avez besoin de quelqu'un qui soit objectif pour parler à votre enfant afin de vous aider à ce que vous puissiez mieux faire face. Cela fonctionne souvent bien, car l'accent relatif à l'aide est mise sur le parent et non sur l'adolescent.

• *Donnez-leur une plateforme où leurs besoins et sentiments sont vraiment écoutés.* Ils peuvent ne pas être capables d'obtenir tout ce qu'ils aimeraient, mais au moins ils savent que leurs désirs et leurs opinions ont été pris en considération dans le processus de prise de décision. Avec l'accent mis sur la garde partagée, il y a des occasions pour un partage plus égal du temps entre les parents.

• *Évitez l'aliénation parentale.* Un énorme problème peut être engendré quand l'un des parents entreprend, consciemment et délibérément, d'aliéner l'enfant/l'adolescent de l'autre parent. C'est une situation terrible, impardonnable et abusive, qui peut totalement mettre en lambeaux le sain développement de la personnalité de l'enfant. Les parents qui s'abaissent à cette mesure désespérée ont besoin d'une aide psychologique ou psychiatrique urgente avant ; espérons-le, que les dommages ne deviennent irréversibles. Les adolescents peuvent former leur propre opinion sur un parent (comme dans les cas d'alcoolisme ou de maltraitance de l'épouse) et ils ont droit à leurs opinions et leurs sentiments. Le parent « coupable » devra prendre la responsabilité du manque de confiance dans la relation parent-enfant et un adolescent ne peut pas être forcé à entrer en contact avec un parent. L'enjeu ici est que l'adolescent a formé sa propre opinion, plutôt qu'elle lui ait été inculquée par l'autre parent amer et furieux.

• *Méfiez-vous d'une dépendance excessive à l'égard de votre adolescent.* C'est un problème très réel, car des parents en détresse et affectivement désemparés peuvent très facilement commencer à utiliser leur adolescent comme leur caisse de résonance et leur « conseiller ». Une maman très fragile me disait récemment : « Je ne sais vraiment pas

ce que j'aurais fait sans Anna. Elle a été véritablement mon pilier.»
Anna a 15 ans; quoiqu'il soit bon qu'elle fasse preuve d'empathie et
de soutien, ce n'est pas son rôle principal à cette étape de sa vie. Une
autre mère d'un fils de 14 ans et de deux filles plus jeunes, en détresse
elle aussi, m'a confié: «Depuis que leur père s'est levé et nous a quit-
tés tout d'un coup, Martin a assumé le rôle d'homme de la famille.»
C'est là une responsabilité trop lourde pour un enfant de 14 ans. J'ai
conseillé à ces deux parents, avec délicatesse mais urgence, de bâtir
des systèmes de soutien plus appropriés. Une fille de 13 ans (que son
enseignante m'a référée parce qu'elle était constamment fatiguée en
classe) m'a raconté: «Quand mon père sort, j'essaie de rester éveillée
afin de pouvoir les arrêter de se quereller. Ils vont divorcer et il sort
avec une femme avec qui il travaille. Ma mère devient folle et j'essaie
de les faire se tenir tranquilles.» Cette pauvre enfant tenait le rôle de
médiatrice et ses parents la laissaient faire!

Soyez réaliste en ce qui a trait aux changements de comportement à l'adolescence

Si la rupture familiale coïncide avec le début de l'adolescence, on est
tenté d'attribuer les changements de comportement à la rupture. Il
n'y a aucun doute qu'elle y contribue; cependant, elle est rarement la
seule raison. Il est donc très important de garder les limites d'une discipline ferme et claire et d'éviter de surcompenser par culpabilité et pitié.
Simplement parce qu'ils se sentent tristes et confus, vous ne devez pas
assouplir les règles. En fait, la prévisibilité des limites procurera une sécurité essentielle et un encadrement sécuritaire.

Autre conseil – Ne vous attendez pas à ce que votre ex-conjoint(e) se
conforme exactement aux mêmes règles que les vôtres. Si votre adolescent tente de «diviser pour régner», dites fermement: «C'est ainsi
dans la maison de maman. Dans cette maison, on met la vaisselle dans
le lave-vaisselle après un repas.» Mais aucun autre commentaire sur les
habitudes domestiques de maman. Les enfants, particulièrement les adolescents, sont très vifs pour apprendre l'art de la manipulation, mais ils
ne peuvent en faire des beaux-arts que si vous les laissez faire. N'oubliez
pas que vous choisissez vos réactions et que, ainsi, ils apprennent à
se conduire.

PARENTAGE DANS LA FAMILLE RECONSTITUÉE

Le taux élevé de divorces signifie que des milliers d'enfants et d'adolescents doivent s'ajuster pour faire partie de familles recomposées. Si le parentage est un défi, le parentage de familles recomposées n'est certainement pas de tout repos, pour aucune des parties impliquées. Cela peut être particulièrement stressant pour les adolescents, pour diverses raisons.

- Ils ne sont pas impressionnés par la rupture que cela cause dans leur vie déjà imprévisible.
- Comme ils ont tendance à privilégier le repli sur soi égocentrique, ils ne sont souvent pas préparés à consentir des efforts supplémentaires pour bâtir de nouvelles relations.
- Ils sont à un stade de leur vie où ils relâchent lentement les liens familiaux. Devoir s'ajuster à une nouvelle famille recomposées n'est pas en tête de liste de leurs priorités. La nécessité de former des relations avec les nouveaux « frères et sœurs » est encore plus irritante pour l'adolescent.
- Ils ne sont pas aussi faciles à convaincre que les enfants plus jeunes. Un jeune enfant est souvent facilement impressionné par les activités amusantes ou la personnalité attirante du nouveau partenaire d'un parent. Les adolescents sont plus critiques, même cyniques, et ils cherchent souvent à forcer le beau-parent à gagner leur respect et leur confiance.
- Ils peuvent avoir des sentiments de loyauté envers leur parent biologique et, de ce fait, trouver conflictuel de former une relation avec le beau-parent. D'habitude, c'est parce que les adolescents estiment qu'ils trahissent ce parent et qu'il est plus simple pour eux de ne même pas essayer de tisser de nouveaux liens.
- Dans les cas où le nouveau beau-parent n'est pas beaucoup plus âgé que l'adolescent, les lignes des stades développementaux deviennent floues et les limites deviennent difficiles à clarifier. Durant une séance de counselling très émotive, un garçon de 16 ans m'a dit : « La nouvelle épouse de mon père n'a que 26 ans ; ce n'est que 10 ans de plus que moi. Elle pense qu'elle peut me dire quoi faire, mais qu'est-ce qu'elle connaît ? Elle n'a jamais eu d'enfants et, maintenant, elle pense qu'elle peut se prendre pour ma mère. » Il est assez difficile de répondre à ça !

Les adolescents sont notoirement détestables de toute façon et cela ne dépend pas nécessairement du beau-parent. Ils semblent définitivement trouver plus difficile de se lier à un beau-parent que les enfants plus jeunes.

Conseils aux beaux-parents d'adolescents

- *Prenez les choses lentement.* Ne précipitez pas le processus d'établissement de la relation. Gagner leur confiance et leur respect exige du temps, de la patience et de l'engagement.
- *Mettez-vous à la place* de l'adolescent et essayez de voir le monde par ses yeux. Son monde a été totalement bouleversé à une période de son développement où il avait le plus besoin d'une base solide et prévisible.
- *Comprenez* que son comportement inacceptable est souvent la manifestation de sentiments sous-jacents de tristesse, de regret, de confusion et de colère. *Manifestez de l'empathie ;* dites-lui clairement que ses sentiments sont acceptables, même si son comportement ne l'est pas.

- *Ne dénigrez jamais l'autre parent,* peu importe combien vous soyez tenté de le faire. Cela ne fera que l'acculer à une loyauté et à une protection absolues.
- *Créez des occasions de discussion ouverte* en vue de mettre de nouvelles limites et règles en place, en lui permettant toujours d'avoir la chance d'exprimer son point de vue.
- *Donnez du temps à l'intégration et à la réintégration.* Il n'est pas facile de faire l'aller-retour entre deux foyers, où les modes de vie et les règles et conséquences sont souvent différents. Quand un adolescent arrive pour sa visite de contact, créez une routine dans laquelle les membres de la famille peuvent renouer entre eux et des plans peuvent être faits pour la durée de la visite.
- *Efforcez-vous de créer de nouvelles routines et des rituels neufs.* Ce n'est pas parce que les plateaux-repas devant la télévision sont la norme dans l'un des domiciles qu'ils doivent l'être dans l'autre. «Je sais que, d'habitude, tu manges devant la télé avec ta mère, mais nous avons décidé de nous asseoir à la table et nous aimerions que tu te joignes à nous. On a du rattrapage à faire à propos de ce que nous avons tous fait depuis la dernière fois qu'on s'est vus.»

Si toutes les étapes de notre échelle du développement des habiletés sont suivies, les nouveaux beaux-parents ne devraient pas avoir de problèmes à devenir des influences supplémentaires efficaces et positives dans la vie des adolescents.

AUTRES CHANGEMENTS TRAUMATIQUES DU MODE DE VIE

L'adolescence est un stade de vie si déroutant, alors que même le pré-adolescent le plus en sécurité et stable peut devenir peu sûr et instable, que toute crise stressante entraîne, une énorme détresse. Évidemment, les adultes ne peuvent pas agiter une baguette magique et faire disparaître les traumatismes et les crises. En fait, une importante compétence de vie consiste à commencer à affronter les changements et les défis. Résilience et habiletés d'adaptation sont essentielles pour que les adolescents parviennent à gérer les nombreux obstacles que la vie peut mettre sur leur chemin. Ils sont sujets à l'égocentrisme et très influencés par les opinions de leur groupe de pairs; par conséquent, tout changement brusque de mode de vie peut devenir très inquiétant. Les événements qui peuvent susciter ces changements sont…

- Le chômage/la réduction de salaire du principal gagne-pain familial.

- La mort d'un parent ou le divorce des parents, qui signifient souvent une diminution des standards de vie et la nécessité de réduire les besoins. Une adolescente avec laquelle j'ai travaillé récemment, dont les parents traversaient un processus de divorce acrimonieux, semblait plus choquée par le fait de déménager dans une plus petite maison qu'avec le divorce lui-même. Le counselling a révélé qu'elle était extrêmement triste et pleine de regrets mais, pour elle, la réaction immédiate, c'était de s'inquiéter ouvertement de la réaction de ses amies à la modification de son statut.

- Outre les changements dans le mode de vie, l'adolescent peut devoir changer d'école, soit parce qu'il déménage dans une autre maison ailleurs dans la ville, ou dans une autre ville. Ce qui peut être souvent l'aspect le plus pénible pour lui parce qu'il sera privé de cette structure de soutien essentielle, le groupe de pairs.

- Quoique ce ne soit pas une raison courante de rupture familiale, j'ai conseillé des adolescents dans des cas où un parent avait été trouvé coupable d'un crime et condamné à une peine de prison. Bien sûr, cela cause une détresse énorme et, en général, provoque des répercussions dévastatrices dans les familles affectées. Les adolescents réagissent souvent de façon très critique, habituellement parce qu'ils sentent qu'ils seront ostracisés par leurs amis, mais aussi parce qu'ils sont dans le stade de développement où ils estiment qu'ils ont le droit de commettre des erreurs, mais non leurs parents.

- Une maladie grave dans la famille (par exemple, un parent reçoit un diagnostic de cancer terminal ou décède des suites d'une autre maladie grave) est de toute évidence extrêmement traumatique pour toute la famille. Les adolescents sont souvent catapultés dans des responsabilités et des prises de décision adultes avant d'être émotionnellement prêts. Ayant eu à prendre la responsabilité de frères ou sœurs plus jeunes après la mort d'un parent, beaucoup d'adultes considèrent plus tard avec regret leur trop courte adolescence. Parfois, c'est inévitable mais, en d'autres occasions, le parent survivant aurait pu demander de l'aide auprès de ressources de soutien pour alléger le fardeau de l'adolescent.

Toutes les situations mentionnées ci-dessus peuvent mener à la fragmentation du sentiment intérieur de stabilité et de sécurité émotionnelles de l'adolescent. Cela peut se manifester par le biais des niveaux d'expression du comportement, la dépression et, dans les cas les plus sérieux, les pensées et les tendances suicidaires.

Parallèlement aux stratégies d'adaptation déjà mentionnées, j'aimerais souligner ce qui suit.

- Soyez aussi ouvert et honnête que possible. Garder des secrets ne fera qu'empirer les choses. Cacher les faits réels, souvent dans une sincère tentative de protéger votre adolescent, ne fera que causer une détresse plus profonde et augmenter la méfiance.

> *« Ils jouent un jeu. Ils jouent à ne pas jouer un jeu. Si je leur montre que je vois qu'ils jouent un jeu, je briserai les règles et ils me puniront. Je dois jouer le jeu de ne pas voir que je joue un jeu. »*
>
> (R. D. Laing)

- Encouragez une communication fréquente par le biais des séances de rencontres familiales et de résolution de problèmes.
- Ne réprimez pas les sentiments… les vôtres *ou* les leurs.
- Demandez l'aide d'un professionnel pour toute la famille.

RÉSUMÉ

Les adolescents sont au stade de développement où ils ont besoin de niveaux de sécurité et de prévisibilité optimaux. C'est le stade où ils commencent à se séparer de leur famille d'origine et, pour cela, ils ont besoin d'une très solide rampe de lancement plutôt que de sables mouvants. La discorde dans la relation n'est définitivement pas propice à leur bien-être et la recherche démontre que les enfants de familles chroniquement dysfonctionnelles sont plus à risque d'être la proie de toutes les influences négatives de l'adolescence.

- Conseils aux parents divorcés
  - Essayez de discuter ouvertement autant que possible.
  - Ne blâmez pas l'autre parent. Les enfants méritent d'avoir une bonne relation avec leurs deux parents.
  - Permettez aux sentiments d'être exprimés.
  - Mettez des structures en place pour établir de nouvelles routines.
  - Permettez la pression des pairs et l'égocentrisme de l'adolescent ; ils peuvent être plus perturbés par ce que leurs pairs diront.
  - Évitez de dépendre excessivement de vos adolescents.
  - Soyez conscient des dangers de l'aliénation parentale.
  - Leur comportement peut ne pas être causé seulement par le divorce. Tenez compte des problèmes normaux de l'adolescence.
- Les adolescents peuvent avoir de la difficulté à établir des relations avec les beaux-parents.
  - Prenez les choses lentement et mettez-vous à leur place.
  - Comprenez leurs sentiments sous-jacents.
  - Ne dénigrez jamais l'autre parent.
  - Allouez du temps pour l'adaptation : les relations prennent du temps à se bâtir.
  - Créez des occasions pour des discussions ouvertes.
  - Améliorez vos habiletés de parentage.
- Autres événements traumatiques pour les adolescents.
  - Perte du revenu parental
  - Changement d'école/maison
  - Maladie grave ou décès d'un proche de la famille
- Pour toutes ces transformations de vie stressantes, encouragez la communication ouverte et honnête. Laissez les sentiments s'exprimer et décodez le comportement en vue d'insister sur le fait que vous comprenez que leur comportement pourrait être une conséquence des perturbations.
- Cherchez le soutien d'une thérapie ou du counselling.

L'adolescent au tempérament exigeant

De naissance, les uns sont plus difficiles que les autres !

Nous avons consacré du temps à examiner l'importance de comprendre combien le stade développemental de l'adolescence a une influence directe sur le type de comportement que nous pouvons attendre des adolescents. En vue d'établir des limites réalistes, on doit développer un esprit positif à l'égard de ce qu'est le développement normal. Cela formera sûrement une solide fondation sur laquelle bâtir toutes les autres habiletés nécessaires.

Nous sommes donc montés légèrement plus haut dans l'échelle de la croissance personnelle et nous avons examiné le problème où les parents d'adolescents connaissent *aussi* leurs propres crises et défis de vie. Il ne fait aucun doute que des parents compétents et solides, ayant une saine estime de soi, affronteront plus efficacement les inévitables pressions exercées par le comportement adolescent imprévisible. Après quoi une rapide digression a suivi, qui incluait quelques mots sur l'importance des grands-parents dans l'équation des différentes générations et l'impact des ruptures familiales stressantes sur l'adolescent.

Tout est dans les gènes

Il existe un autre facteur très puissant du comportement, manifeste tout au long de l'enfance et qui joue un rôle énorme durant l'adolescence, et c'est le tempérament. C'est l'empreinte génétique qui détermine ce qui concerne l'enfant et le futur adulte.

Il ne fait aucun doute que certains d'entre nous naissent avec une prédisposition intérieure à être décontractés et conciliants, détendus et nonchalants. Toutefois, il y a aussi parmi nous ceux qui ont un tempérament tout à fait différent, lequel les amène à être réactifs, exigeants et rebelles. Presque depuis la naissance, c'est la capacité des parents de gérer efficacement ce tempérament qui déterminera grandement la façon dont l'enfant apprendra à se contrôler lui-même. Un enfant agressif et mal contrôlé peut très facilement devenir un adolescent agressif et mal contrôlé qui ne répondra pas très volontiers aux attentes disciplinaires positives. Un enfant agressif bien contrôlé, selon toute probabilité, se développera en un adolescent sûr de lui, déterminé et compétent.

Le dilemme des parents d'un enfant difficile de 12 ou 13 ans, dont ils n'ont pas contrôlé probablement le comportement volontaire avec beaucoup de succès durant les premiers stades de l'enfance, est souvent : « Il est maintenant trop tard pour canaliser ce comportement négatif en attitudes plus positives. » Prenez courage : il n'est pratiquement jamais trop tard. Ce n'est que plus difficile et exige un peu plus d'énergie et de patience.

Qu'est-il arrivé à mon gentil petit enfant ?

Beaucoup de parents ont déploré le fait qu'un enfant relativement facile se métamorphose soudain en monstre adolescent issu de l'enfer. Une minute auparavant, l'enfant était un modèle de bonne volonté, de gentillesse et de serviabilité docile. La minute suivante, il semble avoir subi un changement total de personnalité, devenant capricieux, maussade, non coopératif, rebelle et tout à fait replié sur soi. On peut attribuer cela au début de l'adolescence, exacerbé par le fait que certains de nos enfants sont génétiquement programmés pour nous tester jusqu'aux limites de l'acceptable.

L'ADOLESCENT TRÈS DIFFICILE

En quelque sorte, c'est un monstre de l'enfer différent. C'est l'enfant récalcitrant depuis le début, ou presque. La triste réalité, c'est que, si les parents n'ont pas maîtrisé les habiletés parentales positives avant qu'il atteigne son 13e anniversaire, selon toute probabilité cet enfant sera devenu un adolescent extrêmement difficile à contrôler. Autrement dit, l'enfant exigeant continuera d'être un adolescent exigeant, à moins que les parents ne comprennent l'urgence de développer des stratégies cohérentes et fermes.

À cette étape de notre voyage vers le haut de l'échelle en vue d'instaurer une discipline efficace pour nos adolescents, l'enjeu essentiel à saisir est que le tempérament de l'enfant a un impact profond sur son comportement.

Vers le bas de la spirale négative
- Enfant au tempérament difficile.
- Piètre contrôle parental.
- L'enfant devient négatif et développe une faible estime de soi ; le comportement est plus négatif.
- Les parents contrôlent négativement et agressivement le comportement.
- L'enfant devient un adolescent difficile.

Conseils de base pour contrôler des adolescents difficiles : antidotes contre la tendance innée à la rébellion
- Pour être capable de discipliner efficacement les adolescents, *une relation parent-enfant positive* est un préalable. Par conséquent, tout en tentant d'établir des limites essentielles, il est important de travailler très fort à bâtir ces bonnes connexions et à ouvrir des canaux de communication positifs. Comprendre où se trouve votre adolescent dans son stade de développement est un très bon départ. Espérons-le, vous pourrez ensuite voir que le rebelle égocentrique est un adolescent

très difficile qui appuie vraiment sur tous les boutons de votre « panneau de contrôle ».

- *Travailler à ré-étiqueter.* Voir un adolescent difficile de façon positive représente tout un défi. Chaque qualité en est venue à être probablement cachée sous des couches d'étiquettes négatives. Dans le cas d'un adolescent au tempérament difficile/exigeant, la spirale négative vers le bas est bien incrustée. L'enfant se voit assurément sous un éclairage extrêmement négatif et c'est un signal d'alerte rouge pour l'éclosion possible d'une foule de comportements antisociaux. Comme nous avons tous besoin de nous sentir acceptés et confortés, si un enfant a développé une image de soi négative, il est plus probable qu'il s'oriente vers des influences négatives. Inverser une spirale négative exige énormément d'énergie parentale, mais il faut amorcer le changement en ré-étiquetant le comportement de l'enfant. Quand le stade de l'adolescence se met en place, l'enfant difficile a déjà mérité probablement une longue liste d'étiquettes négatives : insolent, peu coopératif, provocateur, récalcitrant, maussade, boudeur, égoïste, agressif, pour n'en citer que quelques-unes. Néanmoins, chaque adjectif utilisé pour qualifier un comportement a un revers ; ensemble, ils forment les deux côtés d'une médaille. Cela ressemble beaucoup à un fait scientifique : il ne peut y avoir un négatif, sans un positif. Ci-dessous, certaines étiquettes négatives parmi les plus courantes, assorties de leur revers positif sur la médaille des adjectifs.

Agressif	⟶	Ferme
Paresseux	⟶	Relaxé, nonchalant
Buté	⟶	Déterminé
Provocateur	⟶	Volontaire
Égoïste	⟶	Possessif
Trop sensible	⟶	Attentif/Empathique
Dominant	⟶	Exubérant

- Le point à souligner ici, c'est que, tandis que le comportement agressif, buté et provocateur n'est pas acceptable, si on agit pour *maintenir la vision positive d'un élément plus acceptable du comportement,* à terme cette vision positive influencera notre gestion du processus disciplinaire. Quand on fait face à un adolescent qui crie, jure et provoque, il est extrêmement ardu de se rappeler de presser le bouton « pause », de se calmer et d'essayer de trouver un aspect positif chez cet adolescent qui crie comme un perdu ! Ce n'est probablement pas le moment idéal pour passer en mode positif mais, si ce type de comportement est devenu la norme, alors l'heure est venue assurément de consentir de gros efforts pour trouver des liens positifs.

- *Cherchez des occasions de vous connecter positivement.* Beaucoup de parents d'adolescents extravertis et maussades ont admis en larmes : « J'en suis rendu au point où je n'aime même plus mon enfant. Je sais que je l'aime, mais je trouve difficile de vraiment aimer quoique ce soit de lui. » C'est la triste vérité dans beaucoup de foyers. Il appartient au parent d'être un adulte et de chercher des lueurs d'espoir. Même si votre adolescent ne fait quelque chose de vaguement positif qu'une fois par semaine, tentez d'être là afin de pouvoir lui dire quelques paroles d'encouragement comme : « Merci. J'ai vraiment apprécié que tu m'aides pour le dîner aujourd'hui. » Même si les choses dérapent une heure plus tard, ce qu'il y a eu de positif ne peut être effacé. Essayez toujours d'amorcer une discussion de résolutions de problème par un aspect positif. Un exemple pourrait être : « Je suis vraiment content de voir que tes maths se sont améliorés. On regardera les sciences et l'histoire plus tard. » Ou : « Merci, j'ai remarqué combien tu as aidé les bébés de tante Marie aujourd'hui. Il est regrettable que tu ne sois pas sortie de ta chambre pour leur dire au revoir. »

- Saisissez des moments pour *passer du temps en tête-à-tête.* Ces enfants difficiles sont très accaparants et, souvent, les meilleures intentions des parents de passer un temps de qualité se retournent contre eux et tout se termine misérablement. Ensuite, la tendance du parent d'un tel enfant est d'éviter fortement de passer du temps seuls avec eux… et la spirale vers le bas descend encore plus bas sur cette pente glissante. Essayez de vous lier par le biais de leurs loisirs et leurs intérêts. J'ai déjà travaillé avec une mère et sa fille de 16 ans entre qui la relation était inexistante. J'ai essayé de trouver un terrain d'entente, mais il ne semblait pas y en avoir ; j'ai donc prié pour une intervention divine. C'est arrivé sous la forme d'un téléroman que l'adolescente regardait tous les soirs. Le « devoir » de la mère consistait à s'asseoir dans le salon et à le regarder avec sa fille rebelle : « Mais je déteste ça, dit-elle.

  – Faites-vous une tasse de thé et asseyez-vous là, même en silence », répliqua la conseillère, les doigts croisés.

  Elle le fit et revint pour une autre séance la semaine suivante. Feed-back…

Jour 1 – Fille très soupçonneuse et critique

Jour 2 – Fille curieuse et quelque peu incertaine des motivations de maman

Jour 3 – Fille a appelé sa mère quand l'émission a commencé.

Jour 4 – Maman a commenté un incident ; fille a vraiment répondu.

Jour 5 – Un dialogue s'est amorcé entre elles, concernant les relations sexuelles avant le mariage !

Ce fut une longue route vers la réconciliation, mais la première étape positive se présenta quand la mère trouva un terrain commun sur lequel amorcer le processus de reconnexion. Au chapitre 9, nous explorerons plus en détail la façon de séparer la personnalité de l'enfant de son comportement.

• Rappelez-vous que *même des étiquettes ancrées peuvent changer*. Dans beaucoup de familles, le problème vient de ce que l'enfant difficile devient identifié comme le « mauvais » et le bouc émissaire d'une bonne part du comportement négatif dans la maison. Ces étiquettes collent à la peau. Un autre enfant est étiqueté ensuite comme le « bon » et un cas de polarisation classique se développe. Pour le « bon », c'est une tâche à temps plein que de maintenir son rôle dans la famille, tandis que l'image de soi du « mauvais » glisse de plus en plus loin. Et aussi vite que cet enfant développe des comportements antisociaux (dont le contrôle absorbe une grande part du temps et de l'énergie parentale), l'infortuné « bon » n'ose pas devenir un adolescent normal, qui met à l'épreuve les limites, parce que cela exercerait trop de pression sur des parents déjà excessivement stressés. Une situation vraiment déplorable.

J'ai travaillé avec une jolie fille aimable en première secondaire qui avait des problèmes avec la pression des pairs dans son groupe d'âge. Je découvris qu'elle était terrifiée à l'idée de laisser tomber ses parents et qu'elle avait un frère aîné qui leur avait causé des problèmes considérables durant quelques années (consommation de drogues, non-respect du couvre-feu, etc.). Après plusieurs séances, elle fut capable de verbaliser qu'elle ne pouvait simplement pas faire quoique ce fût qui stresserait encore plus ses parents. Un cas classique du syndrome du « bon enfant versus le mauvais enfant ». Elle mit longtemps à voir que nous avons tous du bon et du mauvais en nous et qu'il est normal de commettre des erreurs. Comme parents, il est essentiel d'éviter d'agir de connivence avec le développement d'un faux soi chez notre enfant.

Par conséquent, alors qu'il n'y a aucun doute qu'il existe une créature telle qu'un enfant difficile génétiquement programmé, il appartient aux parents de cet enfant/adolescent d'apprendre les habiletés de gestion appropriées.

Dans les prochains chapitres, nous nous concentrerons sur l'estime de soi et sur la grande importance d'un sentiment de soi sain pour le développement de l'adolescent, particulièrement comme antidote contre la pression des pairs.

....

RÉSUMÉ

- Le tempérament est un autre facteur du comportement de l'adolescent, une empreinte génétique innée qui détermine une grande partie de notre façon de réagir aux situations.
- Combiner les défis développementaux normaux de l'adolescence avec un adolescent au tempérament difficile peut avoir pour résultat un redoutable « monstre adolescent ».
- Nous devons consacrer beaucoup d'efforts aux habiletés à bâtir des relations avec l'adolescent difficile :
  - éviter l'étiquetage négatif ;
  - essayer de ré-étiqueter en recherchant les aspects positifs (souvent enterrés sous des couches d'étiquettes négatives et de piètres images de soi) ;
  - s'efforcer de trouver une façon de se lier à cet adolescent.
- Méfiez-vous de confiner les enfants dans des rôles fixes : il est très difficile pour les « bons » enfants de devenir des adolescents normaux qui mettent les limites à l'épreuve si toute l'énergie parentale est centrée sur le « mauvais ».
- Les adolescents au tempérament difficile peuvent devenir les jeunes adultes les plus appréciés, déterminés, forts et axés sur des objectifs, s'ils sont bien contrôlés par des parents compétents et efficaces. Le défi réside dans la façon des parents de gérer la mise à l'épreuve des limites.

Estime de soi

Pierre d'angle de la santé mentale

«L'homme désire être confirmé dans son être par l'homme, et il désire avoir une présence dans l'être de l'autre… secrètement et timidement il guette un Oui qui lui permettra d'être et qui ne peut venir à lui que d'une personne humaine à une autre.»

(Martin Buber, *Your Child's Self-Esteem*)

Dès qu'un bébé naît, il commence lentement à se former une opinion de lui-même, surtout d'après la manière de réagir devant lui des personnes importantes dans sa vie. Les parents, et les autres adultes dans la vie de l'enfant, tendent un miroir virtuel dans lequel il perçoit son reflet. Si la réflexion devient embuée de négativité, l'identité de l'enfant se développera ainsi. Elle ne devrait pas être une image positive irréaliste non plus : la vision sera trop unilatérale et l'enfant en développement n'apprendra pas à gérer les erreurs, les critiques et les déceptions. Durant les premières années de l'enfance, les familles immédiate et élargie contribuent principalement à cette vision que l'enfant a de sa valeur intrinsèque. Ensuite, à compter du moment où l'enfant amorce ce long trajet vers la séparation et l'indépendance, quand il quitte la maison pour des groupes de jeu, le préscolaire, puis la « grande école », les enseignants, les entraîneurs et son groupe de pairs commencent à exercer une influence importante sur sa perception de lui-même.

Il n'est jamais trop tard… c'est seulement plus difficile

Tout autour de nous, nous voyons des publicités de groupes d'entraide, d'ateliers, des séminaires, des mentors personnels, etc., tous offrant assistance au développement d'un sentiment positif de soi. On peut retenir une leçon ici : il n'est jamais trop tard pour changer ces visions négatives débilitantes, quoique cela devienne plus difficile quand on vieillit.

Pour les parents d'adolescents émergents, il est vraiment nécessaire de tout faire ce qui est en notre pouvoir pour qu'ils entrent dans le monde adulte avec une perception de soi aussi positive que possible. La vérité est que nos parents et nos grands-parents ont joué un rôle important dans beaucoup de nos blocages adultes.

UN COUP D'ŒIL SUR L'INFLUENCE QU'ONT EUE NOS PARENTS SUR NOTRE PERCEPTION DE SOI

La plupart des parents ne cherchent pas intentionnellement à nuire à l'estime de soi de leurs enfants ; pourtant, nous le faisons de tant de façons.

- *Comparer.* « Pourquoi ne peux-tu pas être attentif comme ta sœur quand tu fais tes travaux scolaires ? »
- *Figer dans des rôles.* « Évidemment, Laurie ne nous donne jamais de problèmes. Elle est si docile, au contraire de son frère. Justin a toujours été impossible. »
- *Étiqueter négativement et utiliser un langage qui porte des jugements.* « Tu es tellement irréfléchi et désordonné. » Utilisé assez souvent, cela commence à coller à la peau. Plus de détails sur le langage au Tu au chapitre 9.
- *Se déconnecter et manquer d'empathie envers l'enfant.* Les enfants ont besoin de savoir que leurs sentiments sont acceptés et compris, même si leur comportement ne l'est pas (à suivre au chapitre 8).
- *Avoir des attentes irréalistes.* L'enfant commence à sentir que rien de ce qu'il fait n'est assez bon. Beaucoup d'adolescents se sont assis devant moi et, inconsolables, soupiraient : « Peu importe combien j'essaie, ce n'est jamais assez pour ma mère. Ma sœur est une première de classe et ils s'attendent à ce que je sois comme elle. » C'est un clignotant rouge, car un adolescent qui se sent ainsi est un candidat au décrochage total. C'est comme si une voix intérieure commençait à dire : « Si rien n'est assez bon, pourquoi même essayer ? »

- *Utiliser des paroles qui peuvent devenir des prophéties autoréalisatrices.* Si un adulte de confiance et aimé répète assez souvent à un enfant qu'il est égoïste, inutile, autoritaire, mauvais ou colérique, il intériorisera cette vision et se conduira en conséquence. La conversation intérieure pourrait être du genre : « Bon, s'ils me perçoivent sous les traits d'une personne mauvaise et terrible, je ferais mieux d'être le meilleur des abominables ! » Et il le deviendra !

LES RISQUES DE DÉVELOPPER UNE MAUVAISE PERCEPTION DE SOI

Les attentes et les réactions parentales ont un impact énorme et d'une portée considérable sur la façon dont la perception de soi de l'enfant se développe. Tout en essayant de donner du sens aux attentes et réactions adultes, si un enfant commence à interpréter (à partir d'indices verbaux et non verbaux) qu'il est aimé et accepté en étant « bon » et en acquiesçant aux valeurs et aux règles parentales, il y a un très réel danger que l'enfant développe une « fausse perception » de soi. Essentiellement, cela arrive quand son « vrai soi » semble ne pas être assez bon.

> « Ce faux soi se manifeste par un masque ou un rôle rigide déterminé à la fois par la culture et par le besoin d'équilibre dans le système familial. Avec le temps, l'enfant s'identifie au faux soi et il est grandement inconscient de ses propres vrais sentiments, besoins et désirs… Le vrai soi s'est retiré du contact conscient et, par conséquent, ne peut pas être l'objet de son estime. »
>
> (John Bradshaw, *La famille*)

C'est un développement très inquiétant parce qu'il signifie que l'enfant en croissance a intériorisé que son vrai soi n'est pas acceptable. Il doit réprimer son besoin de questionner, d'argumenter ou de se rebeller pour être aimé autant que ses frères et sœurs plus faciles à vivre. Les masques qu'il apprend à mettre provoquent une tension intérieure et une certaine perte d'équilibre, car le vrai soi cherche des exutoires. Éventuellement, cela peut prendre la forme d'une dépression, d'un retrait ou d'une grave extériorisation adolescente.

L'IMPACT DE L'ADOLESCENCE SUR LE CONCEPT DE SOI

Certains enfants semblent être nés avec une perception positive d'eux-
mêmes, en ce qu'ils sont intrinsèquement plus positifs, plus motivés et
plus enthousiastes. Ils semblent tout simplement aimer *exactement* qui
ils sont. Quand je travaille avec de jeunes enfants et des préadolescents,
je souligne la grande importance de l'acceptation de soi et d'un degré
de perception des forces et des faiblesses personnelles. Il s'agit toujours d'accepter ce qu'on ne peut pas changer, mais aussi de travailler
à changer ce qu'on peut, si on le veut. Essentiellement, cela revient à se
connaître soi-même et à apprendre à contrôler la personne que l'on est.
Je souligne aussi qu'une bonne estime de soi ne signifie pas nécessairement qu'on doit être d'un naturel extraverti (le «roi» de la fête!), ni
qu'on doit être le meilleur dans quoi que ce soit, ou le plus beau ou le
plus populaire de la classe. En fait:

« Une haute estime personnelle n'est pas une suffisance tapageuse. C'est plutôt un sens de respect de soi tranquille, un sentiment de valeur personnelle. Quand vous le possédez profondément en vous, vous êtes content d'être vous. La suffisance n'est qu'un camouflage pour dissimuler une piètre estime de soi. Avec une haute opinion de soi, vous ne perdez ni temps ni énergie à essayer d'impressionner les autres : vous savez déjà que vous avez de la valeur. »

(Dorothy Corkhill-Briggs, *Your Child's Self-Esteem*)

Que se passe-t-il s'ils n'ont pas une haute estime de soi ?

D'autres enfants ont besoin d'encouragements considérables et d'un parentage efficace pour développer lentement mais sûrement une confiance en soi positive. Nous traversons tous des hauts et des bas durant notre trajet de vie et, à certains moments, nous nous sentons invincibles et capables de conquérir l'univers. À d'autres, nous nous sentons vulnérables et peu sûrs, craignant nos erreurs et sommes facilement influencés par les opinions négatives des autres.

Même le préadolescent le plus compétent et le plus confiant peut devenir hésitant et hypersensible une fois que les hormones qui déclenchent la puberté commencent à exercer leur puissante influence. L'adolescent est dévasté quand les boutons apparaissent, que des poils commencent à être plus gros et qu'ils envahissent des endroits embarrassants, quand les hanches et les cuisses deviennent plus fortes (chez les filles) et que la voix commence ses imprévisibles jeux de yoyo (chez les garçons). Aucun réconfort, ni amour ni acceptation, ne semble aider. L'image de soi de votre adolescent a été totalement bouleversée et faussée. Les sautes d'humeur n'aident pas non plus l'état émotionnel, ce qui ne fait qu'exacerber les sentiments de dégoût de soi. Une préparation adéquate aux changements et des tonnes de patience et d'empathie contribueront grandement à agir comme antidote, mais ce n'est pas une période facile pour le renforcement d'une bonne estime de soi.

Alors, que peuvent faire des parents durement éprouvés pour aider ces adolescents ?

Conseils pour aider le développement d'une estime de soi positive chez vos adolescents

Dans quel état votre propre estime de soi se trouve-t-elle ? Cela peut sembler étrange et vous pourriez même penser : « Mais qu'est-ce que mon estime de soi vient faire ici ? On travaille sur l'estime de soi de mon adolescent, pas la mienne. »

- Pour être apte à aider efficacement à bâtir l'estime de soi de votre adolescent, il est impératif que vous *travailliez à avoir confiance en vous-même*. Les adolescents commencent à se séparer, s'éloigner de l'influence et des valeurs parentales et, ce faisant, ils deviennent très souvent critiques, conflictuels et tout bonnement affreux. Un parent dont l'estime de soi est chancelante peut très facilement prendre cela de façon trop personnelle. L'estime de soi parentale déficiente ne peut aider l'adolescent qui se débat durant cette étape de la vie où il est si vulnérable. Les parents ne peuvent être parfaits – et ils ont certainement le droit de traverser des mauvais jours et des crises –, mais une base d'estime de soi raisonnablement positive permettra certainement d'encadrer et de soutenir l'insécurité et la confusion dont l'adolescent fait l'expérience.

- Êtes-vous déçu de votre adolescent ? Souhaitiez-vous un fils qui suivrait les traces de votre famille à l'université ou une fille qui jouirait de votre flair pour la cuisine et les produits maison ? Désapprouvez-vous le choix d'amis de votre adolescent ? Peut-être qu'ils ne correspondent pas vraiment à vos choix sociaux ? Souhaitez-vous que votre fille soit intéressée par la mode autant que vous (alors qu'elle ne se soucie pas du tout de son apparence) ? Il est tout naturel d'avoir des espoirs et des aspirations pour nos enfants, mais nous ne devons pas oublier qu'une bonne estime de soi signifie *laisser nos enfants être qui ils veulent être ou qui ils choisissent d'être*, plutôt que ceux que nous pensons qu'ils devraient être.

- Revivons-nous nos propres rêves et espoirs anéantis ? Peut-être avez-vous rêvé d'être un pianiste de concert ou une avocate célèbre, mais n'en avez pas eu la chance ou le talent. Vous savez que votre adolescent a un talent musical et il vous est possible de lui offrir des leçons. Vous espérez connaître le succès par personne interposée ; toutefois, votre adolescent n'est pas intéressé et il décide plutôt d'aller vers les arts martiaux, et rien de ce que vous pouvez faire pour l'en dissuader ne peut aider. Une fois de plus, nous devons comprendre que *nos enfants ne devraient jamais faire des choix seulement pour rendre leurs parents heureux.* Rappelez-vous le développement du faux soi !

> *Si je suis moi parce que je suis moi*
> *et que tu es toi parce que tu es toi*
> *alors je suis et tu es*
> *Mais si je suis moi parce que tu es toi,*
> *et que tu es toi parce que je suis moi*
> *alors je ne suis pas et tu n'es pas.*
>
> (Rabbin Mendel dans *La famille* de John Bradshaw)

- *Lâchez prise sur les règles rigides.* L'essence du parentage efficace est la capacité de déplacer les limites en fonction de l'âge. Des règles trop rigides sont un anathème à l'indépendance naissante de l'adolescent. Apprendre des conséquences des choix et des erreurs peut mener à la dose nécessaire d'indépendance et, par association logique, à l'amélioration de l'estime de soi. Des réactions sévères, punitives, peuvent broyer ou empêcher la croissance saine du concept de soi.
- Prenez le temps de vous brancher sur leur monde. Parler, écouter ou simplement être disponible au moment opportun peut leur montrer que vous voulez vraiment combler l'écart entre les générations. Parallèlement à cela, *manifester de l'intérêt pour leurs loisirs et leurs choix individuels* démontre que vous vous souciez d'eux. Même si vous trouvez leur musique exécrable, si leur passion pour la danse hip hop vous tape sur les nerfs ou leur fascination totale pour des célébrités douteuses insensée et ennuyeuse, essayez de prendre du temps à l'occasion pour bâtir ces ponts essentiels entre générations. Beaucoup de pères durement éprouvés d'une adolescente sont restés assis patiemment durant des heures à des représentations de ballet, et des mères de fils se sont rongées les ongles jusqu'à la racine en regardant un match de hockey ou de football éprouvant. Le message transmis à l'enfant est : «Tu es important pour moi et ce que tu fais aussi.» Ce sont toutes les pierres d'assise de cette essentielle estime de soi adulte vers laquelle il se dirige. Il y a quelques années, notre fils a développé un intérêt pour le soccer de première division en Angleterre, mais

nous ne connaissions rien au jeu et on le trouvait ennuyant et inutile. Toutefois, nous aimions notre fils et, afin de passer du temps avec lui, nous avons commencé à regarder des matchs. Nous sommes maintenant de fidèles partisans du Manchester United, nous ratons rarement un match et nous avons compris que le soccer est très loin d'être ennuyant et inutile. Leçon retenue : prenez le temps de vous connecter, mettez de côté les opinions enracinées et tout un nouveau monde d'occasions et de nouvelles expériences peut s'ouvrir à vous.

- Ceci est un plaidoyer spécial qui s'adresse aux parents d'adolescentes. Dans ma pratique privée, je suis témoin presque quotidiennement de la tragédie qui frappe les filles quand elles commencent à interroger leur valeur dans le monde. Depuis des temps immémoriaux, *les filles se sont conformées aux diktats de la société* et, encore de nos jours, elles deviennent souvent ce qu'elles sentent qu'elles devraient être. Beaucoup d'aspects rebelles ou non féminins sont mal perçus par la société et, par conséquent, supprimés. En outre, elles sont sujettes à des colères irrépressibles durant l'adolescence (avec les effets pervers qui en résultent, comme les troubles de l'alimentation, l'automutilation, le recours à la consommation de substances psychotropes, etc.) ou elles éprouveront des crises de milieu de vie, qui ne sont rien de plus qu'une crise d'adolescence retardée depuis trop longtemps.

« Quelque chose de dramatique arrive aux filles au début de l'adolescence. Tout comme des avions et des navires disparaissent mystérieusement dans le Triangle des Bermudes, ainsi le soi des filles disparaît en masse. Il s'écrase et brûle dans un Triangle des Bermudes social et développemental. Au début de l'adolescence, des études démontrent que les résultats du QI des filles diminuent et que leurs résultats en maths et en science sont en chute libre. Elles perdent leur résilience et leur optimisme ; elles deviennent moins curieuses et moins disposées à prendre des risques. Elles perdent leur personnalité déterminée, énergique et de « garçon manqué » et elles deviennent déférentes, autocritiques et déprimées. Elles présentent plus de mécontentement à l'égard de leur propre corps. »

(Mary Piper, *Reviving Ophelia: Saving the Selves of Adolescent Girls*)

- Dans le même esprit, *les parents d'adolescents devraient être très prudents eu égard à leurs préjugés et leurs projections*. Gare au garçon qui ne suit pas les traces de son père au hockey ou qui préfère l'art et la musique aux sciences et au football. Nous essayons inconsciemment de mouler leurs identités émergentes à nos propres zones de confort, mais au coût énorme de leur saine image de soi et du développement de leur vrai soi. C'est souvent sur ces infortunés « champs de bataille » que nous perdons la capacité de discipliner efficacement, parce que nous menaçons le tissu des fragiles relations parent-enfant avec nos attentes bien intentionnées afin de les façonner selon nos opinions et nos valeurs. Par conséquent, nous minons toute chance de coopération lorsqu'il s'agit des problèmes vraiment importants.

- *Essayez d'être moins pressés et stressés*. Beaucoup d'enfants ont partagé avec moi leur triste perception : « Mes parents sont simplement trop occupés pour vraiment s'intéresser à moi », ou « Mon père ne pouvait regarder des matchs qu'à l'occasion. Il était toujours au travail », ou « J'aimerais que ma mère puisse collaborer au concert. Elle a dit qu'elle essaierait de trouver du temps l'an prochain ». Toutefois, l'année suivante, ces enfants peuvent très bien avoir abandonné l'idée d'attendre l'intérêt et le soutien des parents. Le problème est qu'ils peuvent alors se tourner vers d'autres façons de se sentir acceptés et, souvent, pas d'une façon avec laquelle les parents se sentent à l'aise.

- Ils ont besoin de sentir qu'ils sont normaux, que *leurs choix, leurs opinions et leurs sentiments sont acceptables* et que les gens importants dans leur vie s'intéressent vraiment à eux, même s'ils choisissent des sentiers différents de ceux que leurs parents ont choisis. C'est ce qui bâtit une conviction fondamentale, sécuritaire et ferme, dans leur sens des valeurs comme êtres humains. Se sentir ainsi envers soi-même est probablement le plus important antidote à la pression des pairs qui s'exercera sur vos enfants depuis le tout jeune âge, et certainement durant l'adolescence. En fait, l'adolescence et la pression des pairs sont quasi-synonymes et les enfants qui entrent dans le stade de l'adolescence avec une estime de soi positive entreprennent assurément ce voyage difficile et exigeant avec un avantage évident.

- Il est très important d'*apprendre à féliciter et encourager votre adolescent*. C'est particulièrement important pour les adolescents qui sont aux prises avec un sens de leur propre valeur endommagé et la capacité d'entendre des choses positives sur eux-mêmes. Plutôt que les commentaires évaluatifs que nous semblons énoncer si facilement, exercez-vous à prendre le temps de leur accorder un éloge descriptif. Plutôt que de dire «Tu es magnifique!», dites quelque chose comme: «J'aime ce vêtement, la couleur te va vraiment bien et elle fait paraître tes yeux encore plus bleus.» L'éloge descriptif prend plus de temps et il signifie que nous nous mettons vraiment en syntonisation avec la personne en prenant le temps de partager avec elle ce que nous voyons. Il est aussi plus facile à accepter. En fait, un éloge évaluatif/prodigue de louanges est habituellement difficile à accepter par le/la destinataire, tandis qu'accepter un éloge descriptif est plus facile et, par conséquent, plus bénéfique au développement de sentiments positifs sur soi. Il est vraiment nécessaire de formuler parfois une critique constructive, mais essayez de commencer avec quelque chose de positif, autant que faire se peut. Il est ensuite toujours plus facile «d'entendre» les aspects négatifs. Par exemple: «Je peux voir que tu as fait un effort en anglais et en histoire ce mois-ci. Pourquoi ne prenons-nous pas le temps, avant que l'école ne recommence, de voir si tu peux faire du rattrapage afin que tu réussisses aussi bien en maths et en science?»

En fait, il y a une autre façon importante de bâtir l'estime de soi, si essentielle qu'elle mérite un chapitre à elle seule. La capacité d'être en contact avec les sentiments des autres par le biais de l'empathie se trouve au cœur de notre humanité. Avant de monter au sixième échelon de notre échelle, révisons brièvement notre voyage jusqu'ici.

5. Faire face aux problèmes d'estime de soi.

4. Contrôler les adolescents difficiles et comprendre leur stress.

3. Problèmes de croissance personnelle parents/grands-parents.

2. Comprendre les défis développementaux des adolescents.

1. Saisir le vrai sens de la discipline.

RÉSUMÉ

- Notre cinquième échelon vers l'établissement de limites efficaces pour nos adolescents consiste à comprendre le lien direct entre un adolescent qui possède une estime de soi positive et la coopération avec les règles et les limites parentales/sociales.
- En vue de bâtir la confiance en soi chez nos adolescents, nous devons avoir un sens solide de notre propre valeur et confiance dans notre capacité de mettre des limites fermes.
- Au départ, les parents sont les plus importants facteurs de l'image de soi d'un enfant en développement. Plus tard, des facteurs extérieurs exercent des influences puissantes ; durant les années d'adolescence, le groupe de pairs devient extrêmement influent.
- Même l'enfant le plus facile à vivre et le plus aimable, qui semble avoir une vision positive et excellente de lui-même, peut souffrir d'insécurité et perdre confiance quand la puberté se présente.
- Il y a de nombreuses façons pour les parents d'influencer positivement la vision qu'a leur adolescent de lui-même. Il est extrêmement important qu'il puisse développer sa propre personnalité unique, avec l'occasion de faire des choix et la liberté d'être qui il choisit d'être. Cela diminuera aussi l'intensité des luttes de pouvoir.

- Travaillez très fort à établir des liens positifs. Comblez l'écart entre les générations en tentant de voir le monde de votre adolescent par ses yeux. Montrez un intérêt réel dans ce qu'il fait ; vous pourriez être surpris des résultats positifs engendrés.
- Pratiquez l'habileté à utiliser des éloges descriptifs plutôt qu'évaluatifs. La critique constructive est nécessaire, mais essayez toujours de commencer par quelque chose de positif autant que possible.
- Permettez aux adolescents de devenir graduellement qui ils choisissent d'être, plutôt que qui vous choisissez qu'ils soient.

8

La relation parent-adolescent

Apprendre à écouter

ÉCOUTE

Quand je demande que tu m'écoutes et que tu commences à donner des conseils, tu n'as pas fait ce que j'ai demandé.

Quand je demande que tu m'écoutes, et que tu as l'impression que tu dois faire quelque chose pour résoudre mon problème, tu m'as laissé tomber, aussi étrange que cela puisse paraître.

Écoute. Tout ce que j'avais demandé, c'était que tu écoutes, pas que tu parles ou agisses, juste que tu m'écoutes. Un conseil ne coûte pas cher.

Quand tu fais quelque chose pour moi que je peux et dois faire pour moi-même, tu contribues à ma peur et à ma faiblesse.

Par contre, quand tu acceptes le simple fait que je sens ce que je sens, peu importe combien cela semble irrationnel, alors je peux arrêter de tenter de te convaincre et m'occuper d'essayer de comprendre ce qu'il y a derrière ce sentiment irrationnel. Et quand c'est clair, les réponses sont évidentes et je n'ai pas besoin de conseil. Les sentiments irrationnels font du sens quand on comprend ce qu'ils cachent.

Peut-être est-ce pourquoi ma prière fonctionne, parfois, avec des gens, parce que Dieu est muet, qu'Il ne donne pas de conseil ou qu'Il n'essaie pas d'arranger les choses. « Ils » se contentent d'écouter et ils vous laissent vous débrouiller par vous-même.

Donc, s'il vous plaît, écoute et contente-toi de m'écouter. Et, si tu veux parler, attends une minute que ce soit ton tour ; et je t'écouterai.

(Auteur inconnu)

Une fois établie la base de compréhension du monde de l'adolescent, la prochaine étape consiste à explorer en profondeur certaines habiletés essentielles de la communication positive. La discipline des adolescents sera efficace seulement à la mesure de la relation à l'intérieur de laquelle elle prend place et les relations positives dépendent d'une excellente communication ouverte.

Fais ce que je dis…

La communication efficace fournit les rouages d'une relation. Il n'est pas difficile de voir que des gens ont un rapport acrimonieux et hostile ; le langage corporel et le ton de la voix véhiculent aussitôt l'état de la relation. Plus celle-ci est importante et intime, plus il est nécessaire de perfectionner les habiletés de communication. C'est aussi un bien triste constat que la plupart d'entre nous réservent leurs «meilleures manières» (et, par conséquent, leur communication la plus respectueuse) à leurs collègues et leur réseau social. Nous affichons nos vraies couleurs à nos proches et il en résulte que nous nous débarrassons de toutes nos frustrations refoulées et notre ressentiment non résolu sur ceux que nous devrions chérir et traiter avec respect. De nombreux clients m'ont dit : « Ça fait tellement de bien d'arriver à la maison, de me détendre et seulement être moi-même après avoir entendu tant d'absurdités toute la journée au travail.» Évidemment, on devrait être capable de relaxer et de relâcher sa vigilance quand on arrive chez soi, mais on devrait pouvoir le faire sans transformer la maison en un espace tendu et négatif, où on modélise les aspects négatifs de la communication. C'est peut-être exactement ce qu'on fait, tout en s'attendant à ce que nos enfants n'imitent pas ces méthodes. Mon père avait l'habitude de dire, un peu à la blague, après nous avoir réprimandés : «Faites ce que je dis et non ce que je fais.» Probablement parce qu'il faisait ce que la plupart des adultes font en se conduisant d'une façon qu'on ne veut pas que les enfants imitent.

COMMUNICATION SIMPLIFIÉE

La communication humaine est extrêmement complexe mais, réduite à sa plus simple expression, elle peut se résumer à ses composantes de base.

La capacité d'écouter
efficacement

La capacité d'exprimer
les sentiments négatifs
correctement

L'exercice complexe d'équilibre dans les modèles de communication efficace consiste à déterminer quand il est approprié d'écouter, de décoder et de faire preuve d'empathie et quand il est nécessaire de communiquer comment nous nous sentons devant certaines situations/attitudes. Cela mène à la capacité de comprendre quand écouter l'autre personne, en lui donnant le temps de s'ouvrir et de se sentir liée à vous, et quand nous ne pouvons tout simplement rien faire d'autre qu'exprimer nos propres sentiments.

C'est particulièrement vrai dans le cas des adolescents qui ont un si urgent besoin de se confier, et de se sentir acceptés et compris. L'art d'écouter devient la bouée de sauvetage des relations, ainsi qu'un rouage essentiel du processus d'établissement efficace de limites.

Quand nos enfants sont petits, la plupart de leurs comportements sont déterminés par les limites et règles parentales/adultes. La majeure partie de ce qu'ils font est, au bout du compte, le problème du parent et la discipline doit être très claire et structurée. À mesure qu'ils grandissent et se développent, les limites de la discipline sont graduellement repoussées vers l'extérieur. Durant l'adolescence, une plus grande part de ce qu'ils font devient leur problème et, de ce fait, la responsabilité ultime des parents diminue vraiment de plus en plus. Ainsi, la discipline devient plus élastique tandis qu'ils grandissent et se développent, apprenant de plus en plus des conséquences des choix qu'ils font.

Écouter et manifester de l'empathie deviennent absolument essentiels durant les années d'adolescence.

LA COMPÉTENCE EN ÉCOUTE ACTIVE

Quand on demande ce que signifie la communication, la plupart des gens répondront immédiatement «parler» et seulement quelques-uns mentionneront «écouter». Pour pratiquer l'écoute active, on doit se syntoniser à tout le message… pas seulement aux mots, mais aussi au langage corporel et au ton de la voix. En fait, nous devons apprendre à écouter, non seulement avec nos oreilles, mais encore avec tous nos sens : nos yeux, notre cerveau et notre cœur. Une expérience, menée aux États-Unis par le psychologue Noel Birch, avait pour but de mesurer l'importance de la communication non verbale et arriva à cette conclusion.

> *«Dans la communication moyenne, les mots réels que nous entendons ne représentent que 7 % du message total. Le ton de la voix et l'inflexion comptent pour 23 % et un énorme 70 % est du langage corporel non verbal.»*

Cela signifie que si nous ne prenons pas le temps de nous syntoniser, d'établir un contact visuel et de décoder le langage corporel, nous raterons la plus grande partie du message. Avoir une bonne connexion avec un enfant ou un adolescent, c'est vraiment comme prendre une fiche électrique et la brancher dans la prise de courant, créant ainsi un courant électrique.

Pourquoi alors l'écoute active est-elle une ressource si rare dans nos vies ?

Pourquoi l'écoute sincère est-elle si difficile ?

- Nous sommes pressés et affairés, essayant de trop en mettre dans nos journées frénétiques. L'écoute active exige du temps et une attention concentrée.

- Dans nos échanges sociaux, nous apprenons à couper (interrompre) et nous utilisons des techniques de communication fermée. « Comment vas-tu ? » « Je vais bien » est un échange typique entre amis qui se croisent dans une allée au supermarché. Toutefois, si l'ami commence à confier comment il se sent *vraiment*, nous le coupons aussitôt. Tout simplement, nous n'avons pas de temps pour des échanges thérapeutiques à 16 h dans la section des produits surgelés. « Désolé, je dois filer chercher Linda à son cours de ballet », est votre façon de couper court à tout dialogue qui s'ensuivrait.

- Nous sommes si occupés à formuler des conseils ou des solutions, que nous n'accordons que très peu d'attention à ce qui se dit vraiment.

- Les sentiments partagés peuvent nous accabler et nous avons toujours la perception erronée que nous devons sauver nos enfants de leurs sentiments douloureux, quoiqu'ils ne sont plus des tout-petits avec des jouets brisés, mais des adolescents au cœur brisé par des échecs relationnels avec leurs pairs. L'intensité des sentiments des adolescents nous submerge alors à un point tel que nous faisons l'une de deux choses : soit nous absorbons la peine nous-même et courons partout en tentant de réparer leur monde pour eux, soit nous transmettons le message que c'en est vraiment trop. Dans un cas comme dans l'autre, l'adolescent risque fort de se tourner ailleurs pour la compréhension, pour une véritable écoute, dont il a si désespérément besoin.

- Nous « tuons » toutes les occasions qui nous sont données d'offrir une écoute empathique en posant trop de questions directes. L'adolescent : « L'école est tellement ennuyante. Nous n'avons pas eu le temps de finir le projet aujourd'hui. » Le parent : « Pourquoi as-tu attendu à la dernière minute ? Je t'avais prévenu que cela arriverait. » Ou, l'adolescent : « Je vais à la fête de Mathieu. Je n'ai rien de bien à me mettre. » Le parent : « Que dirais-tu de ta robe noire et blanche neuve ? Pourquoi t'en fais-tu toujours à propos de ce que tu portes ? » Dans ces deux exemples, il y avait des occasions de se brancher aux sentiments sous-jacents ; pourtant, le parent a « tué » toute chance de communication ouverte et valable en recourant à la communication fermée.

Les questions directes, quoique souvent nécessaires, peuvent donner l'impression d'une confrontation et d'une accusation. L'adolescent sera plus enclin à être sur la défensive, ce qui limite alors les chances d'une communication ouverte et significative.

QUALITÉS DE CELUI QUI A UNE BONNE ÉCOUTE

À ce point-ci, s'il vous plaît, prenez quelques secondes pour fermer les yeux et songer à votre propre adolescence. Pouvez-vous vous rappeler quelqu'un qui vous a écouté vraiment et sincèrement ? Peut-être un grand-parent, une tante ou un oncle, un enseignant spécial ou, peut-être un parent ? Quelles qualités vous rappelez-vous de cette personne ? Pour la plupart des gens, les souvenirs d'avoir été vraiment écoutés durant l'enfance, d'avoir été pris au sérieux et de s'être sentis importants aux yeux de cette personne sont si rares que nous nous souvenons de leur ambiance chaleureuse d'intimité et d'acceptation tout au long de notre vie adulte.

Une personne qui a une bonne écoute possède ce qui suit.

- Elle a du temps pour l'autre personne. Elle est capable de mettre de côté ce qu'elle faisait parce qu'elle sent l'urgence de partager.

- Elle est fiable. Personne ne risque de partager sa vulnérabilité avec quelqu'un à qui on ne peut pas se fier. Par conséquent, il y a d'habitude une histoire relationnelle préexistante. D'ordinaire, on ne s'ouvre pas et on ne partage pas des sentiments profonds avec des étrangers.

- Elle établit un contact visuel authentique. Il n'y a pas de pire humiliation émotionnelle que de livrer vos sentiments les plus secrets, puis de constater que l'autre personne n'est clairement pas en syntonisation avec vous. Elle jette un œil au téléviseur, prend le journal ou continue à texter ! Vous « fermez vite le robinet » et réalisez que vous n'êtes pas assez important.

- Elle ne donne pas de conseils trop précipités. En fait, elle peut ne donner aucun conseil. Le « cadeau » d'être écouté (et de sentir qu'on comprend nos sentiments) est que vous êtes capable de poursuivre votre chemin et de trouver vos propres solutions, une fois que votre équilibre émotionnel a été restauré.

C'est ce dont les adolescents ont le plus besoin : un lieu où leurs émotions conflictuelles peuvent trouver un espace pour s'exprimer. Le célèbre psychologue Carl Rogers a basé sa thérapie centrée sur la personne sur le pouvoir de l'empathie comme guérisseur émotionnel. Il comparait l'empathie à quelqu'un enfermé dans une cellule jusqu'à ce que, enfin, on réponde à ses appels à l'aide. Le prisonnier retrouve sa liberté. Une personne accablée par des sentiments refoulés fait l'expérience de l'empathie à peu près de la même façon… et les adolescents sont habituellement une boule de sentiments profonds et confus qui ont besoin d'être libérés.

> *Quelqu'un a déjà comparé l'empathie dans une relation au ciment dans un bâtiment. Sans ciment, l'édifice s'effondrera… tout comme la relation sans empathie.*

En fait, toutes les qualités ci-haut sont aussi celles d'un bon thérapeute ou conseiller. Il est triste que tant de gens déboursent d'énormes sommes d'argent à la seule fin que quelqu'un les écoute. C'est un défi pour nous tous de devenir des thérapeutes dans nos propres foyers, offrant une éthique d'écoute et le message de présence et d'attention nourricière qui en résulte. Chacun de nous a envie de paix et d'équilibre émotionnel. Essentiellement, quelqu'un qui a une bonne écoute est capable d'éviter de trop nombreuses réponses fermées et développe une compétence à utiliser des réponses ouvertes.

DÉCODER LE COMPORTEMENT

Il est souvent assez facile de perfectionner les habiletés d'écoute quand les adolescents partagent leurs sentiments avec leurs parents. La réalité, c'est que la plupart ne le font pas. Une des caractéristiques du stade adolescent, tel que mentionné antérieurement, c'est de se couper des parents et d'arrêter de communiquer aussi ouvertement et facilement qu'avant. Ils deviennent taciturnes, repliés sur soi et monosyllabiques, ce qui rend tout niveau de communication extrêmement ardu. Souvent, obtenir un simple « Bonjour » ou « Salut » est une percée importante. La seule indication

RÉACTION DE L'ADOLESCENT	RÉPONSE PARENTALE FERMÉE	RÉPONSE PARENTALE OUVERTE
Je déteste mes cheveux : ils sont si gras et raides.	Tu te plains toujours de quelque chose. Lave-les simplement plus souvent.	C'est irritant quand on n'aime pas de quoi on a l'air.
Hélène ne m'a pas invité à sa soirée pyjama.	Bien, ce n'est pas le genre d'amie avec laquelle tu devrais souhaiter être de toute façon.	Je peux voir que tu es blessé et déçu...
Tout le monde va au concert rock samedi soir. Je suis le seul qui ait des parents pathétiques et surprotecteurs.	Eh bien, reviens-en... tu sais que c'est non négociable.	Je suis certain que tu es très fâché et en colère contre nous...
Si vous ne me laissez pas aller à l'après-bal de la fin d'année, je ferais aussi bien ne plus être en vie..	Cesse de réagir de façon excessive : ce n'est que l'après-bal. Tu as la permission d'aller au bal.	Je sais combien tu te sens en colère et contrarié en ce moment...

NOTE – Les réactions fermées ne laissent aucune place aux solutions et aux résolutions. Celles qui sont ouvertes laissent de la place pour une communication additionnelle et, par conséquent, une certaine mesure pour établir calmement des limites.

que le parent éprouvé capte à l'effet que cet « étranger » vulnérable n'est pas dénué de sentiments, c'est en anticipant quels sentiments pourraient causer le comportement inacceptable, lequel est le seul indice de ce qui se passe à l'intérieur de l'adolescent. Le fait est que, très souvent, cet être confus à l'humeur changeante ne possède aucun indice fiable quant à ce qui explique les sentiments derrière le comportement.

Il est très exigeant de manifester de l'empathie devant cette tâche décourageante, mais ça vaut vraiment la peine d'un effort concerté. La capacité de « toucher » votre adolescent, par l'empathie, peut souvent faire la différence entre le sentiment de l'adolescent compris et accepté et la lente glissade vers le bas de la spirale négative de la dépression et de l'aliénation (et choisir de plus en plus de s'engager sur l'inacceptable sentier antisocial). Décoder le comportement afin d'avoir une idée de ce que le sentiment pourrait être rapportera d'énormes dividendes en stratégies disciplinaires plus positives et plus efficaces. La dernière fois que vous avez utilisé votre dispositif parental de décodage, c'est probablement quand cet adolescent était un tout-petit... et il ne fait aucun doute que ces deux stades de vie sont très similaires. Cependant, la grande différence est que le tout-petit ne pouvait pas vraiment communiquer ses sentiments, car il ne pouvait les verbaliser. L'adolescent peut verbaliser, mais choisit de ne pas le faire, surtout pour montrer qui mène et souligner le fait qu'il n'est pas cool de partager ses pensées et ses sentiments profonds avec ses parents.

COMPORTEMENT ADOLESCENT	POSSIBLE SENTIMENT SOUS-JACENT	RÉPONSE PARENTALE NON EMPATHIQUE	RÉPONSE PARENTALE EMPATHIQUE
Crier fort et avec colère contre maman qui applique la règle d'une seule sortie par fin de semaine.	Déçu, frustré, embarrassé d'avoir à le dire à ses amis	*Arrête ces cris ridicules. Tu connais la règle.*	*Je peux voir que tu es frustré et déçu.*
Dévastée et repliée sur soi parce que son copain ne lui a pas téléphoné tel que promis.	Triste, rejetée, humiliée	*Il n'y a pas de quoi être aussi déprimée. Tu ne le connais seulement que depuis un mois.*	*Je suis désolée que cela te rende si triste et fâchée.*
Votre fils a été exclu de la première équipe de hockey. Il va dans sa chambre et s'enferme.	Déçu, confus et embarrassé	*Eh bien, on t'avait dit de ne pas rater de séances d'entraînement.*	Cogner à la porte et dire: «*Je sais combien tu dois être déçu. Je suis dans la cuisine si tu veux en parler.*»
Quand vous allez chercher votre adolescente à l'école, vous la voyez parler avec animation à ses amies; pourtant, quand elle vous aperçoit, elle prend un air renfrogné et devient muette.	Fatigue, irritation, sentiments négatifs non exprimés de situations antérieures	*Soit tu me salues correctement, soit tu marches jusqu'à la maison.*	*Bon sang, il semble que ta journée a été difficile et que cela t'irrite vraiment.*

Je peux vous imaginer tout agité, disant avec désarroi: « C'est très bien tout ça, mais cela signifie-t-il que mon adolescent qui se conduit mal s'en tire malgré son comportement grossier et inacceptable? » Ma réponse: restez calmes. Rappelez-vous que c'est un barreau plus haut dans l'échelle vers un contrôle plus efficace du comportement. Tout ce que je souligne à cette étape du processus, c'est que les réponses non empathiques ne feront absolument *rien* pour garder ouverts et positifs ces canaux essentiels de communication. Vous avez besoin qu'ils demeurent aussi ouverts et accessibles que possible, si vous visez vraiment à fixer des limites avec plus de confiance et de compétence. Au chapitre 9, nous serons plus qualifiés pour penser à encadrer le comportement inacceptable. À l'heure actuelle, toutefois, je vous prie de vous souvenir que nous avons déjà déjà discuté de l'idée, à l'effet que les sentiments précèdent le comportement. Si nous nous sentons bien, nous sommes plus enclins à bien agir. Si nous tentons de comprendre le « pourquoi » du comportement inacceptable de l'adolescent (les changements hormonaux, la piètre estime de soi, les sautes d'humeur, la pression des pairs, la confusion entourant les valeurs et les choix), il est normal alors de travailler plus fort sur la très importante habileté d'empathie. On revient ensuite au point déjà établi : si nos adolescents sentent que nous essayons de comprendre le « pourquoi » de leur comportement aberrant, ils auront, souhaitons-le, moins de raison de se sentir aliénés. L'hypothèse logique est que, si je me sens compris et accepté, je me conduirai mieux inévitablement.

Examinez-vous

En toute tranquillité et honnêteté, pensez seulement à vous-même : l'adulte dans l'équation. Votre journée a été éprouvante. Les enfants ne se sont pas montrés coopératifs durant la routine matinale, la circulation était pire que d'habitude, votre patron était très « pointilleux », il y avait moins d'argent que prévu au guichet automatique et, la cerise qui couronne cette affreuse journée, quelqu'un est entré en collision avec votre voiture tandis que vous étiez à l'épicerie !

Quand vous arrivez à la maison, vous déposez bruyamment vos achats, chicanez le chien qui a manqué vous faire tomber et criez aux enfants de venir vous aider. Votre partenaire commente : « Pourquoi doit-on subir ta mauvaise humeur ? » Quel sentiment éveille cette réflexion ? Vous ne vous sentez certainement pas compris(e) et, donc, l'issue probable est que vous réagirez et tempêterez encore plus fort. Une soirée tendue et hostile s'ensuit.

Comment vous sentiriez-vous si, à la place, votre partenaire dit : « Je peux voir que tu as eu une très mauvaise journée. » Je présume que vous vous sentiriez vraiment bien. Cela ne disposerait pas de votre mauvaise journée, mais cette simple réponse empathique vous aiderait, selon toute probabilité, à vous sentir compris(e). Le résultat, c'est que votre équilibre émotionnel serait restauré plus vite et la soirée aurait plus de chances d'être calmement réparatrice pour tous.

....

RÉSUMÉ

- Des relations positives dépendent d'habiletés de communication efficace. Si la communication devient négative et hostile, la relation le devient inévitablement. La vérité est qu'*une relation ne peut être meilleure que la communication qui la caractérise*.
- Il y a deux éléments principaux dans le processus de communication. La capacité
  - d'écouter efficacement et
  - d'exprimer les sentiments négatifs de façon appropriée.
- Au moment où vos enfants traversent l'adolescence, écouter devient une habileté de plus en plus essentielle, surtout parce qu'une si grande part de leurs choix de comportements passe de la responsabilité première des parents à une responsabilité de plus en plus *propre* aux adolescents, tandis qu'ils deviennent de jeunes adultes.
- L'écoute authentique est difficile parce que:
  - nous sommes pressés et trop engagés et que nous apprenons à couper court très rapidement aux échanges interpersonnels;
  - nous donnons des conseils trop rapidement;
  - soit nous prenons les sentiments de nos enfants comme s'ils étaient les nôtres, soit nous les coupons parce que nous sommes incapables de les gérer;
  - nous posons trop de questions directes, une technique de communication fermée.
- Quelqu'un qui écoute bien…
  - prend le temps et met de côté les autres activités;
  - est fiable;
  - établit un contact visuel;
  - se retient de donner son avis.

- Utiliser des réponses ouvertes gardera les canaux de la communication interactifs, ce qui permettra de partager et de discuter davantage et, possiblement, de trouver des solutions à atteindre sans exacerber le conflit.
- Décoder le comportement requiert toutes les compétences d'écoute/ d'empathie actives qu'un parent puisse acquérir. Cela signifie filtrer sous la surface du comportement inacceptable pour trouver les sentiments sous-jacents. Nous savons que les sentiments précèdent le comportement. Le comportement s'améliore souvent quand le sentiment est compris et accepté.
- Si le comportement ne s'améliore pas, au moins les assises seront en place pour permettre d'établir plus facilement les limites nécessaires pour une discipline efficace des ados.

9

La relation parent-adolescent
Communication positive

Être en contact avec vos sentiments – et être capable de les exprimer de façon appropriée –, est la clé de l'intelligence émotionnelle. Il ne fait aucun doute que c'est un facteur majeur de succès dans la vie. Dans le «bon vieux temps», les enfants et les adolescents étaient encouragés à n'exprimer que leurs bons sentiments joyeux et positifs, tandis que les négatifs devaient être refoulés. Le résultat était que, une fois qu'ils devenaient adultes, ils étaient coupés de leurs vrais sentiments et leur intelligence émotionnelle était émoussée.

LE LANGAGE ASSURÉ : SECRET DE LA COMMUNICATION POSITIVE

Maintenant, vous commencez probablement à sentir que l'accent mis sur la construction d'une relation parent-adolescent réussie repose sur les épaules des parents, que c'est leur responsabilité de rester calme, manifester de l'empathie et utiliser la technique des réponses ouvertes afin d'être en meilleure position pour régler les nombreux problèmes disciplinaires que, inévitablement, les adolescents nous apportent.

Ne vous en faites pas : vous avez le droit à vos propres besoins et sentiments. Vous avez certainement le droit de piquer vos crises et d'avoir des mauvais jours. Vous avez même le droit de « perdre patience », d'être en colère et frustré… et vous avez le droit de le montrer ! Après tout, étant humain vous aussi, on ne s'attend pas à ce que vous soyez un saint ou un parangon de perfection. Durant les années d'adolescence, l'équilibre peut devenir vraiment précaire sur le plateau de la balance de l'adolescent. Vous pouvez faire tout votre possible pour comprendre son monde erratique et souvent confus, mais il ne semble pas se préoccuper de votre stress et de vos tensions. N'oubliez pas que la préoccupation de soi est l'une des caractéristiques de ce stade et que même l'enfant le plus attentif peut évoluer en adolescent égocentrique. Ce qui signifie que vous ne devriez pas trop en attendre au chapitre de l'empathie réciproque eu égard à vos besoins et sentiments.

Vous espérez vraiment que ce précieux enfant qui est le vôtre, malgré qu'il ait 15 ans, se rende compte que vous avez l'air exténué et surchargé. Peut-être un : « Bon sang maman, tu as l'air fatiguée. Assis-toi avec le journal et je vais t'apporter un café » serait exactement ce qu'il vous faudrait pour fermer les yeux sur tous les sacrifices que vous avez faits pour lui. Toutefois, pour la plupart des parents d'adolescents, une telle démonstration d'empathie provoquerait probablement un arrêt cardiaque ou, au moins, un questionnement sur ce qu'il cherche exactement. Il devient manifeste que les gestes réfléchis de gentillesse, sans attente d'une quelconque faveur parentale en retour, sont rares en effet.

Attentes réalistes

Donc, nous restreignons nos attentes et essayons constamment de prendre en considération leurs caractéristiques développementales. En fait, cela signifie que nous nous attendons à peu de la part de nos adolescents en ce qui a trait à la compréhension émotionnelle. Néanmoins, nous restons fidèles à notre détermination de ne pas sombrer à leur niveau; après tout, nous sommes des adultes matures. Toutefois, nous avons besoin d'exprimer clairement et sans ambiguïté nos sentiments concernant leur comportement. Rappelez-vous que la deuxième partie des modèles de communication de base est la *capacité d'exprimer les sentiments négatifs de façon appropriée.*

Au chapitre 1, nous avons examiné aussi les deux extrêmes du spectre du parentage.

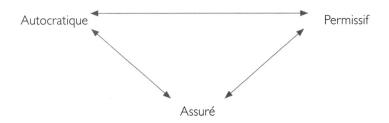

Quand on traite de l'expression adéquate de la négativité parentale, nous devons garder à l'esprit ce qui précède.

Le parent autocratique /agressif réagira excessivement et, plutôt que d'aider le processus, il alimentera en fait la colère et l'hostilité.

Dans le cas du parent permissif, le déchaînement explosif de l'adolescent entraîne une hausse de l'anxiété chez le parent; ce qui conduit à une capitulation parentale et à un adolescent qui n'a aucun sens ferme des limites.

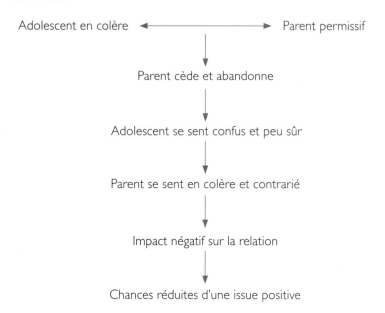

Adolescent en colère ⟷ Parent permissif

Parent cède et abandonne

Adolescent se sent confus et peu sûr

Parent se sent en colère et contrarié

Impact négatif sur la relation

Chances réduites d'une issue positive

L'objectif des parents est de communiquer avec maturité et fermeté, mais calmement. C'est l'essence de la communication assurée. Être ferme signifie être capable d'exprimer ses sentiments avec détermination, respect et sans porter de jugement, tout en restant calmement centré sur le problème principal. La personne assurée ne se laisse pas distraire par des faux-fuyants et s'en tient à l'enjeu principal. Elle n'a pas besoin d'élever la voix, de menacer ou d'humilier dans un effort pour rester assurée. Le problème en communication interpersonnelle, c'est que la plupart des gens pensent qu'ils sont assurés alors que, en fait, ils ne font que réagir agressivement. «J'ai tenu mon bout aujourd'hui. Je lui ai dit ma façon de penser et je lui ai dit exactement ce que je pensais de lui.» Cela déclaré fièrement par quelqu'un qui, en fait, était extrêmement agressif. L'agression ne sert qu'à alimenter et à enflammer la colère déjà existante, entraînant une communication parent-enfant explosive et dysfonctionnelle.

LA COLÈRE... UNE ÉMOTION NÉCESSAIRE

«*La colère est un signal, et un signal qu'il vaut la peine d'écouter. Notre colère peut être un signal que nous sommes blessés, que nos droits sont violés, que nos besoins ou désirs ne sont pas comblés adéquatement, ou simplement que quelque chose n'est pas bien. Notre colère peut nous dire que nous affrontons un important problème émotionnel dans notre vie, ou qu'une trop grande part de notre soi – nos croyances, nos valeurs, nos désirs ou nos ambitions – est compromise par une relation. Notre colère peut être un signal que nous faisons plus et donnons plus que ce que nous pouvons confortablement faire ou donner. Ou notre colère peut nous prévenir que d'autres en font trop pour nous, au prix de notre propre compétence et croissance. Tout comme la douleur physique nous dit de retirer notre main de la surface chaude du poêle, la douleur de notre colère préserve l'intégrité même de notre soi. Notre colère peut nous motiver à dire "non" à la façon dont les autres nous définissent et "oui" à la voix de notre for intérieur.*»

(Harriet Lerner, *Le pouvoir créateur de la colère*)

Le problème est que, habituellement, on ne nous a pas enseigné comment exprimer correctement nos sentiments. Ils s'accumulent jusqu'à ce que nous devenions un autocuiseur humain, prêt à exploser à la moindre provocation... et les adolescents procureront toute la provocation pour ce faire.

La colère n'est pas une émotion primaire; c'est une émotion secondaire. Nous éprouvons d'abord les émotions primaires et, par conséquent, si nous les exprimons de façon appropriée et au bon moment, les symptômes secondaires n'ont pas besoin d'émerger. On peut décrire la chose visuellement par analogie avec un iceberg.

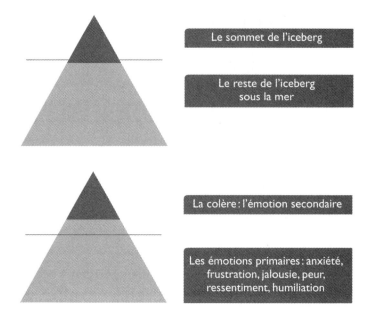

Le sommet de l'iceberg

Le reste de l'iceberg sous la mer

La colère : l'émotion secondaire

Les émotions primaires : anxiété, frustration, jalousie, peur, ressentiment, humiliation

Les exemples abondent.

> Votre adolescent devait être à la maison à minuit, mais il entre sans se presser à 1 h. Vous étiez très inquiet mais, en le voyant sain et sauf, plutôt que de lui dire que vous étiez malade d'anxiété, vous êtes plus enclin à réagir de façon excessive par un accès de colère : «Tu es un être égoïste et irréfléchi ; tu ne penses jamais qu'à toi-même !»

Le problème avec cette réaction, aussi compréhensible soit-elle, c'est qu'elle est propre à alimenter la colère à un point tel qu'on éclate ensuite avec des menaces de châtiments terribles. Celles-ci sont lancées dans un accès de colère incontrôlé et, quand plus tard nous nous calmons, nous sommes enclins à regretter notre réaction trop précipitée. Ensuite nous cédons, ce qui est fatal quand on a affaire à des adolescents qui testent les limites, parce qu'ils apprennent que nous sommes irrationnels, incohérents et, par conséquent, faciles à manipuler.

POURQUOI LES ADOLESCENTS DEVIENNENT-ILS SOURDS AUX PARENTS ET REFUSENT-ILS DE COOPÉRER?

Il y a beaucoup de raisons à cet état de choses, mais l'une des principales est la tendance des parents à utiliser le langage au Tu quand ils expriment les sentiments que suscite en eux le comportement de leur enfant.

«Tu ne remets jamais rien à sa place.»

«Tu es tellement paresseux et désordonné. Personne ne voudra jamais t'embaucher.»

«Pourquoi ne donnes-tu pas ton coup de main, comme Jonathan?»

Une suite sans fin de dénigrements, de jugements, d'humiliations, de comparaisons, de menaces et de prédictions: auriez-*vous* le goût de coopérer et de réagir positivement si vous subissiez ce mitraillage de colère sans retenue? Imaginez votre réaction à ce qui suit.

«Pourquoi le repas n'est-il pas prêt? Tu n'avais rien d'autre à faire de tout l'après-midi.»

«Tu ne ranges jamais le lavage avant que le chat ne s'y installe; il y a maintenant des poils sur tous les vêtements propres.»

«Je ne sais vraiment pas ce que ta mère t'a enseigné. Pourquoi es-tu si nonchalant et brouillon?»

Ces insultes et ces confrontations continuelles basées sur le langage au Tu entraînent la résistance, le ressentiment, la révolte et l'agression passive (quand la personne sape discrètement le processus plutôt que réagir ouvertement). Elles ne mènent certainement pas à des issues utiles, ni n'encouragent des sentiments chaleureux.

Et nous nous demandons ensuite pourquoi la communication parent-adolescent est un échec et pourquoi ils sont complètement insensibles à nos tentatives d'établir des limites.

LE LANGAGE AU JE :
ÉLÉMENT CENTRAL DU CONTRÔLE EFFICACE DE LA COLÈRE

Tel que mentionné, les sentiments sont toujours acceptables. J'ai le droit de ressentir ce que je ressens et personne ne devrait essayer de me dicter comment je devrais me sentir. Si je suis triste, confus, jaloux ou irrité, ces sentiments sont miens et je les ressens. Toutefois, il appartient à chaque individu d'apprendre à canaliser et à exprimer ces sentiments.

Un point important sur l'usage du langage au Je avec les adolescents, quand la relation parent-adolescent est déjà tendue, c'est qu'ils ne se soucieront probablement pas de ce que vous ressentirez face à leur comportement. Même des adolescents capables de témoigner de l'empathie resteront de glace devant le langage au Je si une tension et une négativité non résolue existent entre eux et leurs parents. Néanmoins, il vaut la peine de faire l'effort de demeurer centré au Je, respectueux et calmement déterminé (même s'ils ne réagissent pas avec empressement à vos nouvelles méthodes sans le Tu de leur communiquer ce que vous éprouvez face à leur attitude adolescente caractéristique). Le seul bénéfice immédiat que vous pourriez noter, c'est que vous vous sentez beaucoup plus en contrôle et plus compétent dans vos habiletés parentales ; et cela entraînera certainement un degré accru d'estime de soi parentale.

Le résultat positif de l'apprentissage du langage au Je, c'est que vous gérez vos sentiments négatifs et que vous ne permettez pas à l'adolescent de presser la touche « mise en marche ». Ajoutez à cela l'impact positif que l'utilisation du langage au Je aura sur la relation parent-adolescent. Il ne fait aucun doute que l'usage constant de messages au Tu agit négativement sur la possibilité de coopération de l'adolescent, tandis que l'usage constant du langage au Je a une influence quasi immédiate et positive.

• Il est utile d'examiner de près la formule d'un message au Je efficace.

• Décrire le comportement offensant : « Quand on me fait attendre 20 minutes, »

• Inclure un sentiment approprié et réel : « je me sens extrêmement irrité »

• Si nécessaire, fournir une raison : « parce que je dois toujours préparer le repas. »

• Ou commencer avec le sentiment : « Je me sens extrêmement irritée quand on me fait attendre 20 minutes parce que je dois toujours préparer le repas. »

Tableau d'exemples caractéristiques

SITUATION	LANGAGE AU TU	LANGAGE AU JE
Votre adolescent et ses amis ont laissé leurs verres et leurs assiettes partout dans le salon.	«Pourquoi es-tu aussi brouillon et irréfléchi? Tu ne ranges jamais rien après votre passage.»	«Ça me fâche vraiment quand je vois des verres et des assiettes partout dans le salon.»
Votre fille de 16 ans arrive à la maison avec une heure de retard après avoir passé du temps avec une amie au centre commercial local.	«Tu es totalement inconséquente de traiter ton couvre-feu avec tant de désinvolture, mais c'est caractéristique de ton attitude.»	«Je me sens vraiment contrarié que notre entente à propos de l'heure de retour à la maison ait été totalement ignorée.»
Votre fils de 15 ans rentre d'une fête clairement sous l'influence de l'alcool.	«Pourquoi sens-tu l'alcool? Tu n'es pas fiable et tu es irresponsable… c'est vraiment la goutte qui fait déborder le vase.»	«Je suis extrêmement peiné et déçu. Je pensais vraiment que je pouvais te faire confiance.»

Comme dans l'utilisation de l'écoute empathique/active (qui n'est pas habituellement la solution finale du problème), l'usage du langage au Je n'est pas suffisant normalement pour résoudre le problème. Cependant, c'est une technique de communication ouverte, respectueuse et efficace qui pave la voie à la prochaine étape : l'imposition des choix et des conséquences.

Quand le parent se sent hors de contrôle

«Qu'arrive-t-il si je suis trop furieux pour énoncer calmement un message au Je?» Cette question très pertinente est l'une des questions souvent posées par les parents. Il est vrai que si vous êtes obnubilé par la frustration, la déception ou le ressentiment, il est très difficile de cacher ces émotions. En fait, si on se rappelle l'importance d'être honnête et ouvert en ce qui concerne nos sentiments et le fait que le langage corporel et le ton de la voix sont les plus importants aspects de la communication, essayer de composer un message au Je quand vous vous sentez hors de contrôle se retourne presque toujours contre vous. Il peut avoir la bonne structure, mais il sortira comme un message au Tu de toute façon.

«Je suis vraiment fâché d'avoir eu à attendre et de m'être inquiété pendant deux heures!» Si on dit cela les dents serrées, les yeux exorbités et avec une difficulté évidente à respirer, cela revient simplement à dire: «Tu n'es qu'un irresponsable, irréfléchi et égoïste!»

Dans de tels moments, rappelez-vous les paroles de Stephen Covey: «*Entre le stimulus et la réaction, il y a un espace…*» Le comportement des adolescents est le stimulus et vous devez vous rappeler que l'«espace» entre le stimulus et la réaction est celui dans lequel vous choisissez votre réaction. Vous devrez avoir un urgent monologue intérieur calmant, par exemple: «Je ne permettrai pas à cet enfant de me mener à l'épuisement. Je dois contrôler ma colère.»

Vous serez alors en meilleure position pour dire quelque chose comme: «Je suis furieux! En fait, je suis tellement en colère que je pourrais regretter quoique ce soit que je dirais maintenant. Je m'occuperai de cela demain matin quand, espérons-le, je serai un peu plus calme et plus rationnel.» Écrire une note peut aussi aider, surtout si le comportement imprévisible de l'adolescent peut provoquer une confrontation, laquelle en retour laisse très peu d'espoir d'arriver à communiquer raisonnablement. «J'espère que, quand je reviendrai à la maison plus tard, tous les verres et les assiettes auront été ramassés et nettoyés.»

Avertissement

Quand votre enfant atteindra le stade de l'adolescence, il sera habitué à vos méthodes de communication. Toute tentative de votre part pour corriger les modèles négatifs sera accueillie avec méfiance et résistance de la part de votre enfant. Vous devrez faire preuve d'énormément de patience et vous résoudre à vous en tenir à vos tentatives positives pour qu'il comprenne le message que vous y tenez vraiment et que vous êtes déterminé à rester fidèle au but que vous vous êtes fixé.

Rappelez-vous le principe central le plus important dans toute tentative pour changer les modèles existants:

La seule personne que vous avez le pouvoir de changer, c'est vous-même. Quand vous êtes capable de rester fidèle aux modèles modifiés, les gens commenceront à changer aussi leurs réactions envers vous.

L'un des plus gros obstacles dans les problèmes de relations interperson-nelles, c'est la tendance de la plupart des gens à blâmer leurs réactions négatives sur le fait que l'autre s'est mal conduit au départ. Cela est par-ticulièrement évident dans les relations parent-adolescent.

« Je n'aurais pas réagi si sévèrement si mon fils ne m'avait pas parlé si rudement et irrespectueusement. »

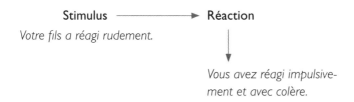

Vous n'avez pas pris le temps de choisir dans l'« espace » une réaction plus efficace. Voici ce que vous auriez pu faire à la place.

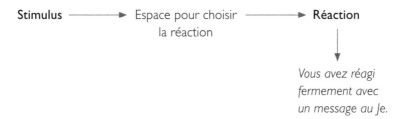

Autrement dit, le comportement grossier de votre fils *ne vous a pas conduit* à livrer une réponse impulsive. C'est un choix que vous avez fait. Vous *auriez pu* choisir une meilleure réaction et, en retour, cela aurait modifié le résultat de l'échange positivement.

Nous avons maintenant atteint le septième barreau de l'échelle.

7. La capacité d'exprimer fermement les sentiments négatifs.

6. La capacité d'écouter efficacement.

5. Faire face aux problèmes d'estime de soi.

4. Contrôler les adolescents difficiles et comprendre leur stress.

3. Problèmes de croissance personnelle parents/grands-parents.

2. Comprendre les défis développementaux des adolescents.

1. Saisir le vrai sens de la discipline.

Tel que formulé dans la conclusion du traitement de la construction de l'estime de soi (et son importance pour des adolescents confiants et compétents qui seront en position favorable pour supporter la pression des pairs), la capacité des parents à écouter efficacement et à exprimer des sentiment négatifs sans porter de jugement maximisera certainement les chances de votre adolescent de développer un estime de soi positive et émotionnellement saine.

Les efforts sincères de la part des parents pour perfectionner leurs habiletés à bâtir des relations rapporteront énormément de dividendes et garantiront un impact direct et positif sur l'établissement de ces très nécessaires limites adolescentes.

RÉSUMÉ

- Les parents ont aussi des besoins et des sentiments et, par conséquent, ils ont aussi le droit d'être de mauvaise humeur, d'avoir des crises de vie et des accès de colère.
- Nous devons examiner le spectre autocratique/permissif. Les parents autocratiques sont agressivement en colère, tandis que les parents permissifs laissent leurs adolescents les traiter agressivement.

- L'idéal consiste à continuer de travailler pour s'affirmer, être en contact avec les émotions primaires et les exprimer de façon adéquate. Ces sentiments peuvent exploser en colère nuisible s'ils ne sont pas exprimés.
- Cette colère non contenue peut nous mener à utiliser le langage au Tu qui porte des jugements et qui confronte. L'usage constant de ce type de communication conduit les adolescents à devenir sourds à leurs parents, résistants et non coopératifs.
- D'un autre côté, l'utilisation du langage au Je accroît les chances de coopération et d'établissement de limites parentales efficaces. Cela implique de communiquer aux adolescents comment vous vous sentez devant leur comportement.
- Quand votre relation avec votre adolescent est tendue, les messages au Je n'auront pas souvent les résultats positifs que vous espériez parce que, essentiellement, ils ne se préoccuperont pas de vos sentiments.
- Quand vos sentiments négatifs sont trop forts pour livrer un message au Je, il est préférable de dire fermement à votre enfant que vous êtes trop fâché pour parler maintenant et que vous traiterez le problème quand vous vous sentirez plus calme.
- De la même façon que l'écoute empathique/active ouvre la voie à plus de communication sur un problème adolescent, le langage au Je ouvre la voie quand le parent a un problème avec le comportement de l'adolescent.

10

Discipline efficace des adolescents

Apprendre des conséquences de ses choix

Je suggère maintenant que vous retourniez au chapitre 1 pour vous rappeler les différences entre discipline (positive, raisonnable et respectueuse) et punition (sévère, extérieure et fondée sur le pouvoir et la peur).

Si vous avez compté, sur la dernière approche durant les années de préadolescence, il est maintenant impératif que vous fassiez un virage à 180°! Les adolescents réagiront mal à des moyens punitifs périmés, car ceux-ci ne feront qu'exacerber les luttes de pouvoir. Selon toute probabilité, votre adolescent deviendra rebelle et incontrôlable. L'extrait qui suit souligne les dangers de méthodes parentales sévères et trop punitives.

«*Dans son livre* C'est pour ton bien, *la psychologue suisse Alice Miller regroupe les règles du parentage sous le titre "pédagogie toxique". Le sous-titre du livre est "Racines de la violence dans l'éducation de l'enfant". Elle soutient que la pédagogie toxique est une forme de parentage qui viole les droits des enfants. Une telle violation est ensuite remise en vigueur quand ces parents deviennent parents. La "pédagogie toxique" exalte l'obéissance comme sa plus haute valeur. Après l'obéissance suivent l'ordre, la propreté et le contrôle des émotions et des désirs. Les enfants sont considérés "bons" quand ils pensent et se conduisent de la façon dont on leur enseigne à penser et à se conduire. Les enfants sont vertueux quand ils sont dociles, agréables, attentionnés et généreux. Plus un enfant est "vu et non entendu" et "ne parle que lorsqu'on lui parle", meilleur il est.*»

(*La famille*, John Bradshaw)

La communication ouverte et efficace augmentera indubitablement vos chances de vous lier positivement avec votre adolescent. Toutefois, même le message au Je le plus calmement prononcé et le plus respectueux ne suffira pas, d'habitude, à provoquer un changement soudain de comportement. Selon tout probabilité, le partage respectueux de vos sentiments forts (par exemple : « Je suis vraiment déçu quand personne ne m'aide à sortir l'épicerie de l'auto ») se heurtera à des regards vides et une irritation manifeste.

Cette réaction est une indication très claire que vous devez changer de vitesse. C'est ici que l'imposition des choix, et l'occasion d'apprendre des conséquences des choix, deviennent le nœud du problème d'une discipline concluante et efficace des adolescents.

LES LIMITES SONT ESSENTIELLES DURANT L'ADOLESCENCE

Dans mon livre précédent, j'ai souligné et insisté à maintes reprises sur le besoin essentiel de procurer des limites claires et cohérentes aux enfants. Si l'établissement de limites est important pour les enfants plus jeunes, cela devient alors plus essentiel encore quand ces enfants atteignent leur adolescence.

Nous avons clairement établi le fait que les adolescents aspirent à leur indépendance et à leur liberté hors des contraintes parentales. Ils testent les règles et les limites et questionnent les valeurs parentales mais, ce dont ils ont désespérément besoin tout en se frayant un chemin dans l'adolescence, c'est la sécurité et la protection de limites établies par des parents compétents, aimants et cohérents.

Les adolescents ont besoin de limites et d'encadrement contre lesquels se mesurer. Ils essaieront souvent de repousser de leur mieux ces « Murs parentaux » pour causer leur effondrement total. Cependant, la vérité est que si ces limites s'effondrent vraiment, ils se retrouvent confus et désorientés. Les adolescents ont besoin de règles et de limites contre lesquelles se rebeller, d'une façon assez semblable aux tout-petits qui ont besoin de limites à leur mesure contre lesquelles ils peuvent tester leur sentiment de liberté émergeant, habituellement par des crises de colère !

Bref survol : pourquoi les adolescents ont-ils besoin de limites ?

• Pour leur offrir quelque chose de tangible contre quoi ils peuvent *faire jouer leurs muscles d'indépendance.*

- *Pour procurer un sentiment de sécurité et d'encadrement.* Pour des adolescents qui veulent devenir de jeunes adultes confiants, des limites faibles et incohérentes peuvent être très effrayantes et déroutantes.
- Des limites claires et appropriées à l'âge *procurent un sentiment de sécurité émotionnelle.* Tout en traversant la tourmente et les bouleversements de l'adolescence, il est rassurant de sentir l'encadrement sécuritaire de limites prévisibles.
- Établir des limites exige temps, patience et énergie émotionnelle. Cela *fait comprendre aussi à l'adolescent que quelqu'un se soucie assez de lui pour fournir ces limites sécuritaires.* L'adolescent peut lutter contre les règles mais, au bout du compte, il lui reste un intense sentiment qu'on prend soin de lui et qu'on l'aime.
- Un autre bénéfice des limites fermes est que *les adolescents ont quelqu'un à blâmer.* Ils ne sont souvent pas assez sûrs d'eux pour faire face seul à la pression des pairs. Il serait très inhabituel qu'un jeune de 14 ou 15 ans soit capable de dire à ses amis : « Je ne pourrai vraiment pas venir à la rencontre ce soir. Je suis sorti hier soir et, la règle chez moi, c'est un seul soir de fin de semaine durant l'année scolaire. » Il est beaucoup plus facile, et cela sauvegarde l'orgueil de l'adolescent, d'aller vers ses amis et de leur dire : « J'aimerais venir, mais mes parents ne comprennent simplement pas. Ils sont encore au Moyen Âge et pensent que je ne suis pas en mesure de sortir deux soirs de suite. Ça me rend malade. »
- À titre personnel en ce qui concerne le dernier point, j'ai noté un soupçon de soulagement dans le langage corporel adolescent quand ils peuvent blâmer un parent parce qu'ils ne voulaient pas *réellement* y aller de toute façon.

L'ADOLESCENCE COUVRE PLUSIEURS ANNÉES

J'ai souligné plus tôt que les enfants sont matures à des âges plus jeunes. Si le début de l'adolescence se situe quand les poussées hormonales amorcent les transformations physiques, alors les enfants (surtout les filles) commencent la puberté aussi jeunes qu'à neuf et dix ans. Ce que cela implique pour les parents, c'est que les limites doivent être mises en place fermement dès que possible. Les enjeux qui suivent, et d'autres, préoccupent les parents d'aujourd'hui.

- Visites au centre commercial avec des amis.
- Télévision, ordinateur et cellulaire sans restriction.
- Rester à dormir chez des amis.
- Fêtes mixtes pour les 10, 11 et 12 ans.
- Vêtements « plus vieux que son âge », ce qui peut être charmant pour un enfant de 11 ans, mais inquiétant quand une fille de 14 ans cherche à en paraître 18.

Ces enjeux s'infiltrent graduellement dans nos vies. Nous ne sommes pas trop inquiets que notre fille reste à coucher chez sa meilleure amie, ni d'une invitation que reçoit notre fils pour aller au cinéma du centre commercial. On peut s'inquiéter un peu plus de la fête disco d'une fille de 11 ans, mais nous connaissons les parents et, donc, nous ne posons pas trop de questions. Cependant, nous sommes quelque peu mal à l'aise concernant le temps qu'un enfant de 12 ans passe sur Facebook. Ce sont tous des signaux forts que nous devons mettre en place des limites fermes et cohérentes.

Nous pouvons alors déplacer ces limites, en fonction de l'âge, quand nos préadolescents (et, plus tard, adolescents) démontrent qu'ils peuvent faire face à des problèmes et à des situations de façon responsable.

- Il est préférable de commencer avec une position très ferme, souvent des limites non négociables, puis de les déplacer graduellement.
- Allouer trop de liberté au début, puis essayer plus tard de raffermir les règles et les limites est une erreur très grave. Quoiqu'il ne soit presque jamais trop tard pour établir des limites fermes, c'est manifestement plus difficile. De toute évidence, il n'est pas facile de restreindre la liberté une fois que l'adolescent en a fait l'expérience.
- Rappelez-vous aussi que vous avez droit à vos choix de valeurs et de mode de vie. Vos règles n'ont pas à être les mêmes que celles des parents des amis de vos adolescents. Il est habituellement utile de parler aux autres parents et de comparer ce qui se passe chez eux ; toutefois, vous *n'avez pas* à adopter le système de valeurs ou les règles d'une autre famille. Dans le cas d'adolescents plus jeunes particulièrement, les parents doivent se sentir assez sûrs d'eux pour dire : « Je suis sûr que les autres parents accordent plus de liberté la fin de semaine mais, chez nous, la règle actuelle est un soir de sortie pendant l'année scolaire. » Évidemment, à mesure qu'ils vieilliront et

feront jouer plus leurs muscles d'indépendance, ils questionneront vos valeurs et vous devrez assouplir les limites. Après tout, à 18 ans ils ont légalement le droit de boire, voter, conduire, quitter la maison ou même faire un testament ; à ce moment-là, ils choisiront de vivre selon leur propre système de valeurs, peu importe combien fermement vous vous y opposerez.

• *La leçon essentielle pour les adolescents consiste à apprendre qu'il n'y a pas de liberté sans responsabilité.*

Ils peuvent lutter longtemps et avec acharnement pour la liberté qu'ils recherchent et, même, ils peuvent quitter la maison pour échapper à vos règles rigides. Ce qu'ils découvrent alors très vite, c'est qu'il y a des règles et des limites où qu'ils aillent. Par exemple, votre adolescent peut échapper aux règles que vous avez imposées en déménageant dans une commune de type rural, où tout est agréablement décontracté et zen. Toutefois, on dresse très bientôt des listes de tâches et autres responsabilités collectives courantes et il y a une réaction négative immédiate quand ce jeune de 18 ans en quête de liberté ne prépare pas le souper le soir qui lui était assigné. Peut-être que, après tout, papa et maman n'étaient pas à ce point-là «à côté de la plaque».

LES ADOLESCENTS ET LA CONFIANCE

Confiance et responsabilité vont main dans la main et, cela aussi doit être un enjeu traité en fonction de l'âge. La confiance croît quand l'enfant démontre qu'on peut se fier à lui. Initialement, cela peut simplement être qu'il attend là où vous lui avez demandé d'être au moment convenu mais, à un stade ultérieur, ce sera qu'il n'accepte pas de boissons alcoolisées à une fête.

Une fillette de 12 ans, que sa mère avait amenée à mon cabinet pour « bavarder » des problèmes des amitiés et des pairs, m'a dit avec enthousiasme : « Ma mère est brillante. Elle était très stricte quand mon frère et moi étions plus jeunes, mais elle nous accorde plus de liberté maintenant. Elle a confiance en nous et elle est beaucoup plus raisonnable que la plupart des parents de mes amies. Mais elle nous a dit que, si nous brisons sa confiance, nous perdrons nos privilèges et nous devrons les gagner de nouveau. » Une mère très sage et très syntonisée, en effet.

Comme pour tous les aspects des relations interpersonnelles, quand la confiance est brisée, elle doit être regagnée. Toutefois, on commet des erreurs et, espérons-le, on apprendra des conséquences de ces erreurs. Nous devons savoir que nous avons la chance de regagner cette confiance en démontrant que nous avons tiré une leçon positive en ayant à rebâtir la confiance perdue pour des erreurs irresponsables.

C'est donc le cœur même de notre capacité à établir des limites pour les adolescents et, par conséquent, à les discipliner avec efficacité comme suit.

- Nous avons abandonné les méthodes autocratiques et sévères.
- Nous croyons en une approche démocratique de la discipline, c'est-à-dire le partage du pouvoir en fonction de l'âge. Nous avons rejeté le concept d'une approche du haut vers le bas.
- À mesure que nos enfants grandissent et gagnent en maturité, et qu'ils démontrent la capacité d'agir avec responsabilité, nous les incluons activement dans le processus d'établissement des limites.

DISCIPLINER AVEC EFFICACITÉ LES ADOLESCENTS

En bref, cela signifie que les parents établissent des limites à l'intérieur desquelles on donne des choix aux adolescents, lesquels impliquent certaines conséquences.

Nous avons pris le temps d'établir qu'une discipline efficace s'appuie sur une relation parent-enfant positive et tout ce que comprend ce processus qui exige beaucoup de temps et d'énergie. Quand vous atteindrez le huitième barreau de notre échelle d'efficacité parentale, vous devriez maîtriser la capacité de mettre en œuvre le processus disciplinaire qui suit.

MODÈLE DE DISCIPLINE

- *Formulez la règle,* la limite ou l'attente simplement et clairement. « On ne jure pas dans cette maison. »
- Comme première tentative pour gagner la coopération, *essayez d'utiliser un message ferme au Je.* « Quand j'entends les gens de cette famille utiliser des jurons, cela me choque vraiment parce que nous avons convenu que c'est une règle non négociable. » Note – Des adolescents plus souples peuvent voir alors qu'ils ont poussé les limites et ils mettront fin au comportement inacceptable avec des excuses.
- Selon toute probabilité, votre adolescent ne coopérera pas à ce point ; *donc, offrez un choix clair,* en même temps que les conséquences qui en résultent, ainsi : « Si j'entends un autre juron, je déduirai un montant de ton argent de poche. »
- *Appliquez les conséquences* du choix de l'adolescent. « Il semble que tu as choisi que de l'argent soit déduit. »
- *Permettez l'expression appropriée des sentiments.* « Je comprends que tu sois fâché qu'un montant soit déduit mais, malheureusement, tu as fait un choix clair. Tu as choisi de jurer, donc essayons qu'il n'y ait pas plus d'argent déduit. »

Les aspects essentiels de l'application pratique de ce modèle disciplinaire suivent.

- Vous dites à votre adolescent très clairement ce qu'est la règle/attente.
- Votre adolescent peut alors faire un choix.
- Vous demeurez calmement concentré sur le problème à résoudre, sans dévier, sans entrer dans une lutte de pouvoir ou réagir avec excès.

Nous devons discuter du modèle, étape par étape, pour plus d'éclaircissements.

Clarification du modèle

La capacité de discipliner efficacement sans recourir aux méthodes punitives.

Inclure les adolescents dans l'élaboration des règles

Selon un des principes de la communication active, quand les gens sont inclus dans l'élaboration des règles, ententes, conditions, etc., ils sont plus enclins à coopérer et à accepter les conséquences des choix qu'ils font eu égard à la mise à l'épreuve de ces règles et conditions. Dans le cas des adolescents, c'est particulièrement important. Insister pour qu'ils acceptent aveuglément et docilement vos règles « parce qu'il en a toujours été ainsi dans la famille » sera, selon toute probabilité, accueilli avec résistance, méfiance ou rébellion. Il est plus probable que vous obteniez une réaction positive en disant quelque chose comme : « Nous semblons avoir de trop nombreux désaccords sur les limites d'heure de vos soirées de sortie. Peut-on trouver un moment propice pour s'asseoir et trouver une solution raisonnable ? »

Qu'arrive-t-il s'ils refusent de discuter du problème ?

Dans le cas d'adolescents extrêmement réfractaires – habituellement le résultat d'une rupture dans la relation parent-enfant –, votre enfant en colère peut très bien refuser de coopérer à toute discussion avec vous. On doit garder à l'esprit la grande différence entre un adolescent de 13 ans et un autre de 18 ans car, lorsque votre adolescent atteindra 18 ans, il pourrait vraiment s'agir d'adopter une ligne plus dure (voir au chapitre 16, le programme Toughlove). Dans le cas d'un adolescent plus jeune, normalement, il est toujours possible pour vous d'appliquer des limites et un encadrement solides, mais, espérons-le, calmes. Vous pouvez dire quelque chose comme : « Je suis désolé que tu ne sois pas prêt à discuter du problème du couvre-feu. J'aimerais vraiment que tu t'impliques pour qu'on trouve une solution négociée. Par contre, si tu ne coopères pas, nous devrons continuer de faire les choses à ma façon. » Ainsi, vous vous serez donné une base très solide en prévision de futures altercations. La prochaine fois qu'il aura une réaction indignée à votre couvre-feu, vous pourrez affirmer calmement : « Je t'ai donné l'occasion de résoudre ce problème, mais tu as refusé. J'ai ensuite dit très claire-ment qu'il faudrait qu'on reste fidèles à mes règles. »

Les règles non négociables

À tout âge, aussi longtemps que vous êtes le parent et qu'ils sont vos enfants, vous avez le droit à vos conditions spécifiques chez vous. À mesure qu'ils vieillissent, de la souplesse est requise mais, même quand vous avez 60 ans et que votre enfant en a 35, vous pouvez toujours avoir des règles non négociables. Par exemple, «On ne fume pas dans cette maison», ou «Nous soupons à 19 heures». Ils peuvent choisir de ne pas vous visiter parce qu'ils ne peuvent supporter de fumer dans le jardin en hiver, mais d'habitude ils accepteront et respecteront votre droit d'avoir vos conditions.

Quand ils sont adolescents, il y a assurément besoin de règles non négociables. «Il est tout à fait non négociable qu'un garçon de 14 ans aille dans un bar pour les 18 ans et plus» ou «La règle dans cette famille, c'est que papa ou moi vérifierons s'il y a une surveillance adulte à la fête. Ce n'est pas négociable. Nous vérifions et tu vas à la fête, ou nous ne vérifions pas et tu restes à la maison. Le choix t'appartient.» Une mise en garde ici – N'oubliez pas de vous ajuster en fonction de l'âge et de réduire la tendance à la sévérité et au manque de souplesse. À 21 ans, les règles non négociables ne devraient s'appliquer qu'aux valeurs les plus importantes du mode de vie sur lesquelles vous n'êtes pas prêt à faire de compromis.

La valeur positive des choix et des conséquences

Être capable de demeurer calmement concentré sur l'application cohérente de la conséquence d'un choix que l'adolescent a fait est incroyablement libérateur et déstressant pour un parent. Nul besoin d'hypertension artérielle, de cris ou de menaces. Simplement dire avec fermeté et détermination une phrase comme: «Je vois que tu as choisi de ne pas sortir en fin de semaine.» Le point important à retenir, c'est que l'on doit énoncer la conséquence à l'adolescent quand le choix lui est offert, comme: «Ton couvre-feu est à 23 heures. Si tu es en retard, tu ne sortiras pas la fin de semaine prochaine.»

Avec les années, beaucoup de parents échouent complètement en ce qui a trait aux conséquences. À mon avis, c'est parce que nous sommes toujours ancrés fermement dans le mode punitif. Nous parlons de méthodes de parentage modernes, démocratiques, justes et ouvertes, pourtant, quelque part, les vieilles façons d'autrefois continuent de bruire dans les recoins de notre subconscient. Nous croyons appliquer efficacement les conséquences quand, en fait, nous nous permettons de tomber dans le piège d'être trop permissifs et de laisser nos adolescents nous pousser au bout de notre endurance. Ensuite, quand nous ne pouvons plus demeurer patients plus longtemps, nous disons des choses comme : « La conséquence est, maintenant, que tu n'as pas de sortie pendant trois mois », ou « Ça y est ! Maintenant tu me remets ton cellulaire pour quatre semaines. » Ce n'est pas ce qu'on appelle un usage efficace du concept apprendre des conséquences des choix.

Pour que les conséquences soient efficaces, la partie essentielle du processus réside dans ce qu'on doit donner à l'adolescent un choix au début du processus : « Si ta tâche du soir n'est pas faite à 21 h, je réduirai ton argent de poche. »

Les parents luttent pour trouver des conséquences appropriées. Dans la plupart des cas, suspendre un privilège ou confisquer un objet spécial aidera à renforcer l'importance du fait que l'adolescent a choisi la conséquence, ce qui explique pourquoi il est essentiel de ne pas imposer une conséquence arbitrairement dans un accès de colère.

Conséquences courantes auxquelles les adolescents réagissent.

- Déductions sur l'argent de poche.
- Confiscation du cellulaire pour une période de temps raisonnable.
- Réduction du temps à l'ordinateur.
- Exclusion d'une activité familiale.
- Refus du parent de les véhiculer.

QU'EN EST-IL D'UNE ALLOCATION/DE L'ARGENT DE POCHE ?

De nombreux parents m'ont demandé : « Devrais-je donner de l'argent de poche à mon enfant, et combien ? »

Dès le jeune âge, l'argent de poche peut devenir un « outil de négociation » très utile. Il est aussi très important pour apprendre des leçons sur le budget, les économies et la planification. Quand l'enfant atteint le stade de l'adolescence, l'argent de poche ou une allocation devrait être bien en place. Il serait bon de garder à jour un bilan, puis de le présenter avec l'allocation hebdomadaire ou mensuelle.

N'utilisez jamais arbitrairement la menace de supprimer l'argent de poche. Cela devrait toujours être offert comme un choix, afin que l'adolescent comprenne qu'il fait le choix d'avoir de l'argent déduit : « Nous avons fait une entente. Il semble que tu as choisi d'avoir une allocation réduite. »

Dans le même esprit, des « boni » peuvent aussi être donnés, par exemple, comme récompenses ponctuelles pour un coup de main inattendu ou pour avoir accompli des tâches supplémentaires spéciales. Méfiez-vous de la tentation de manipuler de l'adolescent : « Si je nettoie l'auto, puis-je regagner le montant perdu hier ? », car cela pourrait entraîner une lutte de pouvoir continue. « Non, je n'ai pas le goût d'aider maintenant… à moins que tu ne me paies. » L'efficacité principale du système d'allocation est que les adolescents ont besoin, et veulent, de l'argent. Quand ils comprennent que nous ne sommes pas punitifs, mais que nous ne ferons qu'appliquer la conséquence d'un choix qui leur a été donné comme résultat de l'établissement clair de limites, ils saisissent généralement le message et commencent à coopérer plus facilement.

Il est très important que vous, l'adulte et le parent, gériez le système calmement quoique fermement, et qu'il soit clair et sans ambiguïté que vous êtes en charge de l'implantation de ce processus.

Conséquences naturelles

Quand votre enfant atteint l'adolescence, beaucoup de ses choix de comportement impliqueront en réalité des conséquences qui se présenteront naturellement. Les devoirs non faits auront des conséquences à l'école, un repas non emballé mènera à avoir faim et un blouson chaud laissé à la maison, à faire l'expérience des effets d'une nuit froide. Dans tous ces exemples, les parents n'ont pas besoin de faire plus que de manifester de l'empathie. «Je peux voir combien tu es bouleversé que ton enseignant ne t'ait donné que 10% pour ton projet, mais je suis sûr que tu te souviendras de le remettre à temps la prochaine fois.»

Qu'en est-il de la provocation?

La provocation est souvent la goutte qui fait déborder le vase pour les parents à bout de forces. Cela se manifeste quand votre adolescent ne montre pas un iota de volonté de coopération et vous dit ouvertement qu'il se fout de vos sentiments ou de vos règles, déclarant grossièrement: «Tu ne peux rien faire pour me forcer à rentrer à cette heure ridicule.» C'est à ce point du processus que beaucoup de parents bien intentionnés perdent toute détermination à rester cools, calmes et sereins et tous ces vieux «mauvais plis» surgissent à l'avant-scène. Le «bouton pause» ne fonctionne pas et, très franchement, vous ne vous en souciez pas vraiment!

Alerte rouge! Ne vous attendez pas à ce qu'un adolescent difficile devienne souple et plaisant. À ce point, essayez le plus possible de vous connecter à leur rage et à leur frustration d'être contrecarrés, *mais ne vous laissez pas aspirer par le tourbillon de la spirale descendante de leur colère.*

- Comptez jusqu'à 10… ou même jusqu'à 500!
- Visualisez une scène calme comme un ruisseau de montagne ou une plage au bord de la mer.
- Engagez un monologue intérieur calmant: «Je ne laisserai pas cet enfant en colère ruiner ma journée.»

Ensuite, vous serez probablement plus en mesure de dire: «Je sais que tu n'aimes pas le fait que je reste ferme sur le choix que tu as fait. Je ne resterai pas ici à t'écouter me parler sur ce ton. Tu sais pourquoi cette conséquence est appliquée.»

Si votre adolescent continue de vous critiquer verbalement, il vous faudra peut-être offrir un autre choix : « Si tu fais une autre remarque grossière, tu seras privé de sortie deux fins de semaine. »

Apprendre des conséquences des choix qu'ils font est la façon la plus efficace d'encourager les enfants et les adolescents à développer une discipline personnelle.

Nous avons maintenant presque atteint le barreau supérieur de l'échelle du parentage efficace. Au prochain chapitre, nous traiterons des habiletés de la résolution de problèmes, basée sur l'identification du responsable du problème. Nous essaierons ensuite de mettre ces connaissances et ces compétences en pratique, en apprenant à maîtriser la capacité d'appliquer ces stratégies dans les nombreuses situations de vie réelle que présentent les adolescents aujourd'hui.

Il est temps maintenant d'un rappel rapide : le but principal de ce livre est préventif. Par conséquent, je ne présenterai pas autant de solutions aux comportements dysfonctionnels bien ancrés que vous pourriez l'espérer…

....

RÉSUMÉ

- La communication ouverte et positive améliorera vos chances de vous lier à votre adolescent. Néanmoins, ce ne sera pas suffisant habituellement pour vous assurer que l'établissement des limites soit facilité adéquatement.
- Les adolescents ont besoin de la sécurité et de l'encadrement de limites claires et cohérentes pour exercer les muscles de leur indépendance en développement et pour une éventuelle séparation des limites parentales.
- Les adolescents ont besoin d'avoir des parents solides et compétents à « blâmer ». En général, ils ne sont pas assez sûrs d'eux pour résister à la pression des pairs par eux-mêmes.
- L'adolescence couvre une large tranche d'âge développemental. Les années de 13 à 20 ans englobent une masse énorme de maturation physique, émotionnelle et intellectuelle. En outre, comme le début de

la maturité apparaît à un plus jeune âge, le problème de l'adolescence touche les parents plus tôt.

- Gardez les limites fermes et, au début, très appropriées à l'âge. Il est plus facile de reculer les limites peu à peu que de les resserrer une fois qu'elles ont été relâchées.
- Il n'existe pas de liberté sans responsabilité et la responsabilité implique la confiance. Une fois que cette confiance est brisée, elle doit être regagnée.
- Il y aura beaucoup de situations où les conséquences s'ensuivront naturellement et les parents n'auront pas besoin d'appliquer des conséquences.

Considérations additionnelles

- Incluez les adolescents dans l'élaboration des règles.
- Demeurez inflexibles eu égard à vos règles quand ils refusent de résoudre le problème.
- Il est nécessaire d'avoir des règles en fonction de l'âge et non négociables.
- Quand vous négociez les règles et les limites, assurez-vous que l'adolescent est pleinement conscient des conséquences de ses choix.
- Évitez d'être entraîné dans des luttes de pouvoir dues à la méfiance.

Résolution de problèmes
À qui le problème?

Dans le monde actuel de communication démocratique, de droits consti-
tutionnels, de règles syndicales et de lois du travail, nous devons modeler
la résolution de problèmes et les habiletés à résoudre les problèmes, les
accords négociés, les ententes et les contrats. Des enfants aussi jeunes
que trois ans (ou dès qu'ils peuvent parler) peuvent être impliqués dans
la résolution de problèmes en vue de conclure des « ententes ». Quand ils
seront adolescents, cela devrait être une pratique établie pour résoudre
des problèmes et trouver des solutions aux problèmes parent-enfant.

C'EST COMME APPRENDRE À CONDUIRE

Pour gérer efficacement les nombreux problèmes disciplinaires auxquels les parents font face quotidiennement dans leurs rapports avec
ces enfants qui se métamorphosent en adultes, problèmes qui peuvent
si facilement entraîner même l'adulte le plus calme et le plus équilibré à
se transformer en tyran criard, nous devons avoir une sorte de liste de
contrôle avec laquelle travailler. Si nous pouvons prendre la bonne habitude de vérifier cette liste rapidement et mentalement, nous rendrons
nos vies beaucoup moins tendues et explosives. Cela aidera aussi les
parents harassés à réviser si, oui ou non, ils améliorent toutes les habiletés de parentage énumérées sur l'échelle d'efficacité parentale. Cela
ressemble beaucoup à l'apprentissage de la conduite automobile : au
début, on doit être très conscient de chacune des étapes mais, plus tard,
cela devient quasi inconscient et le conducteur n'a pas souvent besoin
de penser à ce qu'il fait. C'est ainsi que cela devrait être si les parents
apprennent à devenir conscients de toutes les habiletés distinctes. Après

un certain temps, ils ont intériorisé et la discipline efficace semble devenir un répertoire bien rôdé de réponses.

LISTE DE CONTRÔLE PARENTALE

- Je contrôle mon propre bouton « pause ».
- Ce comportement est-il approprié à son âge et à son stade ? Un enfant de 13 ans a besoin qu'on installe plus de limites parentales que celui de 18 ans.
- Est-ce un problème qui appartient à l'adolescent ou au parent ? Ci-dessous, se trouve un bref aperçu de la façon dont les parents peuvent répondre à cette question. Les habiletés parentales les plus appropriées dépendront de la personne qui devra en fait accepter les conséquences du problème.

DÉCISIONS EN REGARD DES HABILETÉS PARENTALES PERTINENTES

SITUATION	À QUI LE PROBLÈME ?	ÉCOUTE/ EMPATHIE ACTIVE	MESSAGE AU JE	CHOIX ET CONSÉQUENCES
L'ado de 14 ans veut aller dans un bar pour les 18 ans et plus.	Aux parents	Je peux voir combien tu es déçu.	*Je serais très contrarié si j'entendais que tu y es allé sans permission.*	*Si tu y vas sans mon consentement, tu seras privé de sortie durant quatre semaines.*
Le meilleur ami de l'ado de 15 ans décide de lui retirer son amitié.	À l'adolescent	Je peux voir combien tu es blessé. Veux-tu en parler ?		
L'ado de 17 ans est pris à fumer du cannabis à une fête.	Aux parents (parce que l'adolescent n'a pas 18 ans et que c'est illégal)		*Je suis extrêmement déçu que cela soit arrivé.*	*Si cela se produit encore, j'imposerai un dépistage de drogue sporadique. En attendant, tu es privé de sortie pour les deux prochaines fins de semaine.*

SITUATION	À QUI LE PROBLÈME ?	ÉCOUTE/ EMPATHIE ACTIVE	MESSAGE AU JE	CHOIX ET CONSÉQUENCES
L'ado de 16 ans est anéanti parce qu'il a eu 0 pour un projet remis en retard.	À l'adolescent	*Je sais combien cela est choquant et je peux voir que tu es bouleversé.*		
L'ado de 16 ans n'est pas au domicile de son ami quand vous venez le chercher.	Aux parents		*Je suis très en colère parce que ma confiance a été brisée (quand vous retrouvez votre enfant).*	*Tu connais la conséquence : tu seras privé de sortie pendant deux fins de semaine.*

Commentaire sur la responsabilité du problème

Comme on peut clairement le voir ci-dessus, il y a de nombreux problèmes pour lesquels l'adolescent devra affronter les conséquences. Tout ce que le parent efficace doit faire consiste à écouter attentivement, essayer de décoder le comportement, montrer un degré d'empathie et permettre à l'adolescent de gérer les solutions. Cela améliore la résilience et la capacité réfléchie de prendre la responsabilité des problèmes. Un parent peut offrir à l'adolescent l'occasion d'être aidé par une occasion de résolution de problème. Il est important que les parents d'adolescents permettent une responsabilité appropriée à l'âge afin qu'ils subissent les conséquences des choix qu'ils ont faits. Surprotéger, camoufler et prendre la responsabilité des conséquences, que l'adolescent devrait assumer, ne fera que prolonger la dépendance et exacerber l'irritation et la colère.

Quand l'adolescent atteint l'âge légal de l'indépendance à 18 ans, la plupart des enjeux et problèmes devraient être laissés à leur discrétion. Toutefois, aussi longtemps qu'ils sont chez vous (même s'ils ont 40 ans), il y aura des limites et des attentes de base que vous avez le droit de leur communiquer clairement. C'est ici que le langage au Je est si important. C'est une façon respectueuse de leur rappeler que certaines questions vous tiennent à cœur et que vous êtes déterminé à faire connaître vos sentiments.

Une parenthèse sur la surprotection !

Nous savons tous combien il est difficile de lâcher prise. Au départ, les bébés et les tout-petits dépendent absolument de nous. Ensuite, nous les intégrons graduellement dans le monde hors de l'affection et de la sécurité de leur foyer et nous devons avoir confiance qu'ils se débrouilleront sans nous. La surprotection n'est pas du parentage efficace et elle résulte souvent de notre propre besoin d'adulte d'être indispensable : avoir besoin de la dépendance de notre enfant pour nous donner de la valeur et un sens à notre vie. C'est très souvent là que couvent de futurs problèmes graves. Nous ne pouvons pas simplement voir nos enfants/adolescents souffrir indûment et, donc, nous apaisons notre peine en donnant des excuses, disant de pieux mensonges (et peut-être même quelques-uns moins pieux) et repoussant le jour où ils devront enfin se rendre compte que maman et papa ne peuvent plus être là pour dorer la pilule. C'est très souvent au cœur de futurs problèmes graves d'abus de substances. L'adolescent de 13 ans, qui tâte de la drogue à une rencontre sociale scolaire et que ses parents excusent et disculpent, aura appris qu'il peut se conduire de façon inacceptable et s'en tirer malgré tout. Cela mène éventuellement à être sauvé d'une accusation d'ivresse au volant parce que papa peut payer la contravention… et la spirale vers le bas est bel et bien en place pour un futur comportement irresponsable et illégal.

Ce qui suit est la jolie histoire du papillon tirée de mon premier livre.

LE PAPILLON

Ruth Stanford, collègue de Carl Rogers, raconte l'histoire suivante :
« Voyant un papillon qui luttait pour se libérer de son cocon et voulant l'aider, une personne compatissante détacha très délicatement les filaments afin de lui ménager une ouverture. Le papillon fut libéré ; il émergea du cocon et s'agita, mais sans pouvoir voler. Ce que la personne compatissante ignorait, c'est que le papillon doit lutter pour que ses ailes se renforcent assez pour voler. Sa vie écourtée se déroula sur le sol. Il ne connut jamais la liberté, n'a jamais vraiment vécu. »

Il est clair que c'est seulement dans la lutte que nous apprenons à développer les habiletés de résilience et de responsabilité. Montrer une empathie réelle et sincère pour les luttes que nos adolescents traverseront inévitablement ne signifie pas assumer leurs problèmes. Mais cela leur procure le sentiment très important d'être compris et acceptés, alors qu'ils se débattent avec leurs défis développementaux.

À mesure que les adolescents croissent en indépendance, nous devrions nous retrouver à moins discipliner et plus écouter. Un *addenda* à l'écoute active et à la communication ouverte est que la résolution de problèmes parent-enfant devient un moyen très efficace d'évaluer les choses. Qu'il s'agisse du problème de l'adolescent, pour lequel de bonnes habiletés d'écoute peuvent mener à s'asseoir pour discuter de solutions, ou d'un problème propre au parent, pour lequel les tentatives en langage au Je et l'imposition de choix et de conséquences ne semblent pas fonctionner, la capacité d'essayer calmement, bien que fermement, d'en venir à des ententes négociées ne peut qu'être avantageuse pour toutes les parties.

CONSEILS POUR UNE RÉSOLUTION DE PROBLÈMES EFFICACE

- *Restez calme et écoutez.* Il est essentiel que le parent soit dans un état d'esprit calme et relaxé. Beaucoup d'adolescents me disent qu'on ne les écoute jamais et que leurs sentiments ne sont jamais pris au sérieux. D'habitude, le problème est que les parents veulent tant inculquer leurs opinions à l'adolescent que cela conduit inévitablement à une confrontation, qui exacerbe alors le problème. La cinquième habitude de Stephen Covey (tirée de *Les 7 habitudes de ceux qui réalisent tout ce qu'ils entreprennent*) est « *Cherchez d'abord à comprendre, pour ensuite être compris* », et elle vient à l'esprit ici. Même si l'adolescent exprime les opinions et les sentiments les plus outranciers, il n'y a pas de mal à pratiquer les habiletés d'écoute. Quand une personne se sent vraiment comprise, la probabilité d'une discussion rationnelle est renforcée.
- *Prenez le temps.* Assurez-vous que vous avez assez de temps. D'habitude, essayer de précipiter le processus de négociation n'accouchera que de frustrations et du sentiment qu'essayer de trouver des solutions calmement et mutuellement ne fonctionne simplement pas.

Cela peut exiger plus de temps mais, croyez-moi, ce sera bénéfique à long terme.

- *Soyez ouvert à la souplesse*. Vous mettre dans les souliers de votre adolescent et essayer sincèrement de voir le monde par ses yeux entraînera presque toujours un léger changement de vos opinions. Rester catégoriquement inflexible ne fera qu'attiser le feu normal de la rébellion développementale.

- *Restez ferme sur les questions non négociables*. Néanmoins, assurez-vous qu'elles sont appropriées à l'âge et que votre adolescent peut voir qu'il y a un espoir qu'une règle non négociable à 14 ans s'assouplira quand il manifestera la capacité d'agir avec responsabilité et maturité.

- *Écoutez calmement*. C'est le test ultime de la personne qui peut être un médiateur et résoudre des problèmes avec une efficacité réelle. Retenez-vous d'interrompre trop vite avec vos objections véhémentes et paraphraser ce que votre enfant a dit : « Assurons-nous que je t'ai bien compris. Tu estimes que la plupart des fêtes ne se terminent pas à 22 h et que tes amis te trouveraient puéril et vieux jeu si tu devais partir si tôt. Est-ce bien ça ? »

- *Proposez des pistes de solution*. « Tu n'as que 13 ans (bon, d'accord, presque 14), mais je ne suis pas prêt à dire oui à minuit. Ma suggestion est que la limite pour le moment est 23 heures. Toutefois, si c'est une situation exceptionnelle, cela pourrait être plus tard. Nous pourrons réévaluer quand tu auras 15 ans. »

  NOTE – Un compromis à mi-chemin peut être atteint de cette façon et il en résulte une situation gagnant-gagnant pour les deux négociateurs. Cela laisse aussi la porte ouverte à la négociation à un stade ultérieur.

Résumé du processus de résolution de problèmes

- Définissez le problème : « Nous devons prendre le temps de discuter d'un couvre-feu raisonnable. »

- Reconnaissez les sentiments de votre adolescent : « Je comprends combien tu dois être frustré, si tu penses que tes amis ont la permission de rester plus tard que toi. »

- Amorcez une discussion ouverte : « Tu veux revenir à la maison à minuit, mais je pense vraiment que, pour un adolescent de 13 ans, 22 heures serait plus approprié. »

- Encouragez votre adolescent à se prononcer : « J'aimerais que tu me dises pourquoi tu penses que minuit est acceptable. »
- Trouvez une solution : « Pour le moment, je pense que 23 heures sera un compromis. Essayons-le quelque temps et voyons ce que cela donne. Nous pourrons en discuter de nouveau après ton anniversaire. »

L'ADOLESCENT DIFFICILE À REJOINDRE

Tel que décrit au chapitre 4, certains enfants sont génétiquement programmés pour être plus difficiles. Nous avons aussi vu que la gestion parentale efficace était la meilleure façon de s'assurer que les tendances difficiles/destructives de cet enfant soient canalisées aussi positivement que possible.

Quand votre enfant difficile atteint le stade de la puberté – et subit l'influence supplémentaire des poussées hormonales –, les chances d'une négociation consentante sur les zones problématiques ne sont pas très élevées dans la liste des probabilités.

Cependant, c'est certainement là où il faut s'engager sur la voie d'une approche plus coopérative. Vous pourriez aborder le sujet épineux avec ce type d'introduction : « Je sais que nous avons eu de la difficulté à communiquer efficacement dans le passé et que tu penses que je n'écoute jamais tes opinions. J'en suis désolé et je veux vraiment essayer plus fort maintenant que tu es plus vieux. Et nous devrions vraiment tenter de mieux comprendre les sentiments et les perspectives l'un de l'autre. »

Demeurez calme et concentré

Votre adolescent peut être devenu critique et méfiant désormais. N'oubliez pas de manifester de l'empathie pour les sentiments et demeurez calmement concentré sur le sujet en cause. « Je comprends comment tu te sens et je vois que j'ai commis beaucoup d'erreurs. Je suis prêt faire des efforts et j'aimerais vraiment que nous nous aidions, toi et moi, à mieux communiquer. Je t'aime et je me sens vraiment préoccupé que tant de nos échanges se terminent dans la colère et la frustration. Pouvons-nous prendre le temps d'en discuter afin de trouver une meilleure façon de régler les problèmes ? Je suggère de commencer par la façon dont je peux apprendre à accepter certains de tes amis envers lesquels j'ai réagi négativement dans le passé. »

C'est mettre la balle dans le camp parental, ce qui détourne l'attention de l'enfant difficile, qui est probablement très sur la défensive et irritable à ce stade. Cela exigera énormément de patience et sollicitera toutes vos habiletés parentales les plus positives, mais vos efforts seront récompensés si vous pouvez briser la spirale vers le bas, qui ne peut que produire une déconnexion de plus en plus grande dans la relation parent-enfant.

À ce stade, beaucoup de parents admettent: « J'ai essayé et essayé, mais rien ne semble fonctionner. Après tout, j'ai aussi un point de rupture et je ne peux rien faire quand finalement je perds mon sang-froid et que je deviens ce parent qui réagit avec excès, qui explose. Après tout, j'ai aussi mon tempérament et des mauvais jours ! »

C'est tout à fait normal et vrai, sauf sur un point essentiel.

Vous êtes l'adulte et le parent mature. Même si vous avez un tempérament fougueux et explosif, vous pouvez apprendre à le contrôler et choisir de réagir différemment. Votre adolescent a besoin que vous restiez fermement et résolument déterminé à maintenir ces importantes limites. Et n'oubliez pas que plus l'adolescent est difficile, plus vous devez agir sur vos propres réactions plutôt que vous laissez piéger dans des situations sans issue auxquelles les luttes de pouvoir peuvent mener.

À ce point-ci, permettez-moi de vous rappeler qu'il y a une vie après l'adolescence, pour vous et votre adolescent. Vous pouvez anticiper une longue et gratifiante relation une fois que ce stade tourmenté appartiendra à l'histoire. Par conséquent, il est très valable de renoncer graduellement à l'approche parentale du haut vers le bas qui contrôle le bébé, le tout-petit ou l'enfant pour évoluer progressivement vers un mode de parentage plus ouvert, négocié et coopératif. C'est tout à fait possible, sans laisser aller trop rapidement ces très importantes limites à la suite de la rébellion et de la pression adolescente insupportables.

CARACTÉRISTIQUES D'UNE FAMILLE QUI FONCTIONNE BIEN

Au fil des ans, j'ai observé attentivement des familles qui fonctionnent bien et leurs adolescents. Elles ne sont pas parfaites. Elles ont aussi des hauts et des bas, des prises de bec et des crises de colère. Alors, que font-elles qui pourrait faire la différence? Visiblement, on ne peut pas réduire cela à une simple formule magique, mais il y a un dénominateur commun qui semble présent dans tout leur contrôle et leur attitude envers leurs adolescents. Outre la nécessité d'établir des limites claires et fermes, ces parents sont arrivés à atteindre un équilibre entre, d'une part, leurs besoins adultes et un travail continu sur les problèmes de croissance personnelle et, d'autre part, les exigences et les besoins développementaux de leurs adolescents. J'ai fait une liste des priorités importantes de ces parents.

- *Implication* – À mesure que leurs enfants grandissent, ils s'impliquent dans la vie de leurs enfants. Même s'ils ont des horaires de travail stressants et pleins, ils s'assurent d'inscrire les dates importantes à leur horaire. Par exemple, leur fille timide est choisie pour livrer un discours devant une assemblée scolaire, ou leur fils, qui a travaillé vaillamment pour faire partie de l'équipe de football, est choisi pour prendre la place d'un garçon absent lors du match du samedi.

- *Adaptation* – Sans être indiscrets et contrôlants, ils ajustent joyeusement leur vie sociale afin que leurs enfants en croissance fassent partie intégrante de leur vie autant que possible. Si leur enfant de 12 ans se joint à un club sportif ou à une équipe de secouristes locaux, ils ne déposent pas simplement leur enfant le dimanche matin, puis poursuivent leurs propres activités. Ils y assistent au moins une partie du temps. Ils peuvent s'impliquer comme assistant-entraîneur ou s'occuper du barbecue, ils restent pour le dîner et rencontrent les autres parents. Ainsi, ces adolescents en devenir auront des occasions saines de socialiser et de se séparer de leurs parents, mais avec l'encadrement sécuritaire d'adultes animés des mêmes idées en arrière-plan. Beaucoup ont dit : « Si seulement mon fils s'inscrivait à un club sportif. » D'un autre côté, il se peut que ce garçon adore la photographie, les échecs ou jouer de la guitare. Il existe aussi des clubs pour ces activités. L'essentiel, c'est qu'il y a toujours moyen d'y arriver ; par conséquent, liez-vous à eux tandis qu'ils sont encore jeunes. À mesure qu'ils vieillissent et se déconnectent de plus en plus, cela devient plus difficile. C'est comme s'ils disaient : « Quand je voulais que tu sois là, tu n'étais pas intéressé. Maintenant, je n'ai plus besoin de toi. » Ce serait une triste accusation, en effet.

- *Relation étroite* – Ces parents ne déposent jamais une adolescente de 14 ans à une fête sans vérifier la supervision. Ils ne la laisseraient jamais pour aller eux-mêmes à une fête d'adultes avec la consigne : « Assure-toi de revenir avec la mère de Jade. Nous serons à la maison vers 1 heure ; on se verra alors. » Ils conduiraient leur fille à la fête, s'assureraient de la supervision, puis iraient la chercher à l'heure du couvre-feu et la ramèneraient à la maison. Ce n'est pas succomber à la paranoïa, mais c'est s'assurer que cette adolescente vulnérable de 14 ans est bien quand elle quitte la fête.

- *Moments de plaisir et d'humour* – Ces parents ont encore du plaisir à être avec leurs enfants et ils s'amusent ensemble. Ils partagent des choses et parlent ; ces moments de plaisir et de détente agissent comme antidote aux épisodes de colère et de confrontation. Il y aura beaucoup de moments négatifs mais, tant qu'un filon d'humour et de plaisir les traverse, ce sont ces aspects positifs qui transporteront les relations dans le futur.
- *Ténacité* – Ces parents n'abandonnent jamais. Ils croient qu'ils sont parents « pour le meilleur et pour le pire, jusqu'à ce que la mort les sépare ». Ils sont prêts à consentir beaucoup d'efforts pour se reconnecter, même quand les fils de la relation parent-enfant semblent trop fragiles pour être réparés.

Il n'est jamais trop tard pour vous reconnecter à votre enfant.

« Vous êtes votre ressource la plus importante pour réussir votre vie. La vie récompense vos actes. Tant que votre connaissance, votre conscience, votre intuition et votre compréhension ne sont pas traduites en actes, elles ne valent rien. »

(Phil McGraw)

RÉSUMÉ

- Il est très important pour les adolescents d'apprendre la résolution confiante de problèmes et les habiletés de résolution de conflits dans le monde de droits démocratiques, d'ententes et d'accords négociés d'aujourd'hui.
- Pour décider des habiletés à utiliser, les parents doivent produire une liste de contrôle eu égard à la personne à qui appartient le problème.
- Si c'est le problème de l'enfant, alors écoutez et trouvez des solutions par la résolution de problèmes.

- Si c'est le problème du parent, utilisez alors le langage au Je, les choix et les conséquences. Si cela suscite de la résistance, la résolution de problèmes est alors nécessaire.
- Permettre aux adolescents de trouver des solutions. Évitez de les surprotéger et de prendre leurs problèmes sur vous.
- La résolution de problèmes implique :
    - de définir le problème ;
    - d'accepter les sentiments ;
    - d'amorcer une discussion ouverte ;
    - de trouver une solution.
- Caractéristiques d'une famille qui fonctionne bien. Ces parents :
    - sont impliqués dans la vie de leurs adolescents ;
    - ajustent leur vie sociale aux besoins de leurs adolescents ;
    - restent étroitement connectés, tout en permettant une indépendance graduelle ;
    - s'amusent avec leurs adolescents et ont le sens de l'humour ;
    - montrent de la ténacité ;
    - n'abandonnent jamais.

Vous avez maintenant atteint le sommet de l'échelle de l'efficacité parentale.

Discipline efficace

Problèmes courants du comportement adolescent

9. Résolution de problèmes.

8. Choix et conséquences.

7. La capacité d'exprimer fermement les sentiments négatifs.

6. La capacité d'écouter efficacement.

5. Faire face aux problèmes d'estime de soi.

4. Contrôler les adolescents difficiles et comprendre leur stress.

3. Problèmes de croissance personnelle parents/grands-parents.

2. Comprendre les défis développementaux des adolescents.

1. Saisir le vrai sens de la discipline.

Espérons-le, désormais toutes les compétences énumérées ci-dessus peuvent être appliquées pratiquement aux nombreux problèmes de comportement manifestés par les adolescents.

VÊTEMENTS, CHAMBRES, MUSIQUE, MANIÈRES, HEURES DE REPAS ET CORVÉES

Dans cette section, nous passerons en revue les problèmes auxquels j'ai eu affaire fréquemment dans mon travail auprès des parents et des adolescents. Je les ai répartis selon une échelle, depuis ce que j'estime être les enjeux les plus quotidiens jusqu'à l'autre extrémité du spectre (dans les derniers chapitres) où les problèmes sont plus graves et moins courants.

Vêtements

Quand les enfants émergent du cocon sécuritaire de l'enfance, les premières occasions qui s'offrent pour renforcer les ailes fragiles du début de l'adolescence sont habituellement des questions relatives à des chambres en ordre et des vêtements acceptables pour les grands-parents critiques et autres membres de la famille élargie. «Pourquoi Sophie porte-t-elle toujours ces t-shirts noirs informes?» «Peut-on me dire au nom de quoi Alexis porte toujours sa casquette à l'envers?» Même si beaucoup de parents ont fini par accepter le choix du style d'«uniforme» de leur adolescent de 13 ans, ils se sentent critiqués et dépourvus quand leurs propres parents posent de telles questions. Ils peuvent ensuite exercer des pressions sur l'adolescent pour qu'il se conforme: «Tu sais, ça ne fait pas le bonheur de Mamie quand tu portes ces amples vêtements noirs au dîner du dimanche. Je t'en prie, porte une robe ou une jupe.»

L'enfant aimable, de tempérament égal, peut très bien coopérer. Toutefois, compte tenu de ce que ce stade est celui du développement de l'autonomie, d'un sentiment d'identité et du début d'une mise à l'épreuve sérieuse des valeurs parentales, n'oubliez pas qu'il est important de lâcher prise sur les aspects mineurs du comportement adolescent.

Vous pouvez faire une tentative amusante pour plaire aux goûts vestimentaires de Mamie: «J'apprécierais vraiment que tu portes quelque chose d'un peu plus élégant que ton t-shirt noir habituel.» Néanmoins, il vous faudra peut-être changer de vitesse aussitôt, si elle refuse catégoriquement: «J'aime ce t-shirt. Je préfère sauter le dîner si je dois porter une robe ridicule. Je n'en porte jamais.» Maintenant, vous êtes face à un dilemme. Est-ce vraiment un problème de discipline? Pouvez-vous appliquer vraiment une conséquence pour refus de coopération? Par exemple: «Soit tu enfiles une robe, soit je diminue ton argent de poche.»

Pouvez-vous voir les énormes luttes de pouvoir potentielles? Alors, elle réplique en criant: «Tu peux m'enlever tout mon argent de poche, mais je ne porterai pas plus une robe!» Et, maintenant, que faites-vous? Même si vous dites calmement: «Soit tu portes une robe, soit tu ne viens pas dîner», désirez-vous vraiment qu'elle reste toute seule à la maison?

C'est un exemple typique du besoin des parents d'adolescents de choisir leurs batailles avec soin. Très souvent, l'adolescent qui émerge choisira ces enjeux pour montrer qui est le boss. L'impulsion intérieure vers un sentiment d'identité indépendante est très puissante.

Ici, LES PARENTS DOIVENT SE POSER

QUELQUES QUESTIONS FONDAMENTALES

Question :   S'agit-il d'un problème non négociable ?

Réponse :   Non, pas vraiment. Il y en a de plus importants à prendre
              en considération.

Question :   Est-ce vraiment important, ce qu'elle porte, si elle se
              conduit convenablement ?

Réponse :   Ma mère devrait voir au-delà du t-shirt noir. Sophie est
              une fille de 13 ans, gentille et amicale. Le t-shirt ne devrait
              pas être un enjeu.

Question :   Devrais-je en faire un enjeu ?

Réponse :   Je peux faire une tentative en douceur, mais je dois accep-
              ter son choix, même s'il ne me plaît pas. Simplement parce
              que moi je m'habille chic pour dîner ne signifie pas que
              Sophie doive faire comme moi. C'est une personne diffé-
              rente, plus désinvolte et détendue.

En procédant ainsi, on peut en venir à voir que de nombreuses questions ne valent pas qu'on se batte pour elles. Néanmoins, il y a beaucoup
d'occasions où le code vestimentaire n'est pas négociable, comme un
mariage très classique, les règles de certains restaurants ou de clubs de
golf. Alors, nous devons être prêt à démontrer beaucoup de fermeté :
«Je sais que tu penses que c'est ridicule, mais l'invitation au mariage
spécifie "tenue de soirée". Il n'est pas question que tu y ailles en jean
et débardeur écourté. Cela dit, si tu refuses de porter une tenue for-
melle, tu devrais peut-être refuser aussi l'invitation.» La clé de ce type
de problème est que le parent doit rester calmement très terre à terre.
Énoncez simplement les choix et leurs conséquences. Bien sûr, quand
votre adolescent aura 18 ou 19 ans, ce sera une tout autre histoire
qu'avec un jeune de 13 ou 14 ans. Si, à 18 ans, votre enfant refuse de
porter une tenue de soirée et se rend à un mariage en jean effiloché et
souliers de course, n'en faites pas votre problème. Soit on lui refusera
l'entrée et, espérons-le, il en tirera une leçon, soit personne ne s'en sou-
ciera vraiment. Les gens estimeront seulement qu'il est un peu rebelle,
ce qui pourrait être l'identité qu'il a choisie. En outre, si les gens pensent
que vous êtes un parent incompétent parce que votre adolescent de
18 ans choisit ses propres vêtements, alors c'est leur problème.

En un mot, ne sacrifiez pas la relation avec votre enfant, peu importe son âge, sur l'autel vestimentaire. Si vous avez contrôlé avec rigueur ce que portait votre enfant docile plus jeune, c'est plutôt un signe de sain développement qu'il fasse jouer ses muscles de façon autonome et affirme ainsi : « Je ne suis pas toi. Je suis moi et, donc, je choisirai ce que je porte. » Il est très affligeant de croiser quelqu'un de 30 ans qui s'habille toujours pour plaire à ses parents trop contrôlants.

Chambres

C'est un autre domaine où les adolescents choisissent très couramment de manifester leur autonomie. Qu'elles étaient merveilleuses ces premières années de l'enfance durant lesquelles vous pouviez choisir avec joie des agencements de couleurs et des ensembles d'édredons et de rideaux appariés avec des motifs de fées, de Barbie, de Spiderman ou d'autos de course, pour le plus grand bonheur de votre enfant de quatre ou cinq ans. Cependant, gare au parent qui refuse de lâcher prise et continue d'insister pour exercer son droit de veto sur les adolescents dans le domaine épineux des choix individuels.

Quand vos adolescents en croissance se rendent compte que vous ne pouvez continuer de leur imposer vos choix de mode de vie, ce sont habituellement les premières pommes de discorde entre vous. Tout comme leur choix de vêtements, leurs chambres deviennent un territoire sacré : le lieu sûr où ils peuvent se retirer quand ils sont stressés et fatigués par les exigences de l'adolescence. Il est très important pour eux que leur intimité et leur singularité soient respectées. Cela dit, ils choisiront quasi inévitablement des images et des affiches qui vous donneraient des cauchemars ! Leur choix d'agencement de couleurs peut vous donner une migraine et leur conception d'une chambre propre et ordonnée peut être à des lieues de la vôtre.

Néanmoins, c'est une situation pour laquelle vous devez établir certaines limites.

- D'abord, vous devez accepter que leur chambre, ou l'espace qu'ils occupent dans une chambre partagée, leur appartient en propre. Ils sont autorisés à faire des choix qui peuvent être différents des vôtres. Vous pouvez adhérer au principe que chaque chose a sa place, tandis qu'ils peuvent penser sincèrement que les choses qui traînent confèrent à la pièce une certaine ambiance détendue et attirante. « Mes amis se sentent plus à l'aise quand la pièce a du vécu.» C'est très bien, mais jusqu'à un certain point, car ils vivent toujours sous votre toit et vous avez certainement quelques droits comme propriétaires.

- Il y a toujours des règles et des limites dans toute condition de résidence. Il pourrait s'avérer utile de leur montrer un exemple d'une clause typique de bail. C'est alors que vous pourriez avoir recours à des habiletés de résolution de problèmes : «Je sais que tu penses que je suis obsédé par le rangement et je reconnais que ta chambre est ton lieu privé, mais on doit pourtant discuter de quelques règles de base à cet effet.» Ensuite, avec calme et assurance, établissez certaines règles fondamentales.
- Les règles de base peuvent être : «Je n'entrerai pas dans ta chambre et je me mêlerai pas de ce qui s'y trouve, mais je m'attends à ce qu'elle soit en ordre, les vêtements rangés, les verres et les assiettes sales ramassés et les livres empilés chaque vendredi à 18 h.»
- Précisez les choix et les conséquences possibles : «Si ce n'est pas raisonnablement en ordre à ce moment, je présumerai que tu as décidé de ne pas sortir samedi.»
- Souvenez-vous d'écouter tout problème ou plainte qu'ils pourraient avoir et adaptez-vous avec souplesse si vous trouvez que c'est raisonnable, mais assurez-vous que les limites sont clairement définies.

ET LES ADOLESCENTS PLUS ÂGÉS ?

Ce qui précède peut sembler s'appliquer aisément dans le cas d'un jeune adolescent, mais qu'en est-il des plus rebelles, ou de ceux qui ont 18 ou 19 ans ? C'est une bonne raison pour commencer avec des limites fermes, puis de les ajuster graduellement. Toutefois, peu importe l'âge, quand votre enfant vit chez vous, ou qu'il vient tout simplement en visite, vous devez vous assurer qu'il connaît vos attentes. À mesure qu'ils vieillissent, ils peuvent choisir de s'y conformer ou décider d'aller vivre ailleurs. Comme parent, vous devez décider si vous pensez que c'est très important d'appliquer la limite et, du même coup, quand vous leur rendrez visite chez eux un jour, vous devrez respecter leur façon de faire les choses. Il ne sert à rien de stresser, d'être en furie à cause de la chambre désordonnée de votre adolescent de 17 ans et de le menacer de toutes sortes de conséquences, à moins d'être sûr que vous pourrez appliquer la menace. « Si cette zone sinistrée n'est pas rangée d'ici dimanche soir, je mets tout dans des sacs verts au bord de la rue. » Après avoir lancé l'ultimatum, si vous ne lui donnez pas suite, vous serez réduit à l'état de paillasson sur lequel votre adolescent victorieux peut essuyer ses pieds sales !

Mais ne perdez pas courage. Il est incroyable de visiter le domicile impeccable de votre enfant autrefois brouillon et désordonné, et aujourd'hui marié, et d'entendre vos paroles sortir de sa bouche : « Dites donc, les enfants, ne pourriez-vous pas garder vos chambres en ordre, ramasser vos serviettes mouillées et visser le couvercle sur le pot de beurre d'arachides ? » Par conséquent, je répète qu'il ne vaut pas la peine de compromettre la précieuse relation avec votre enfant à cause de ces problèmes adolescents plus insignifiants : éventuellement, la plupart des adolescents deviennent des adultes respectueux des lois.

Musique

C'est un autre domaine qui irrite beaucoup les parents éprouvés. Beaucoup d'entre eux regrettent d'avoir fait tout un plat de ces chansons répétitives du début de l'enfance : « Ah non, pas encore cette chanson ! ». Aujourd'hui, ce sont les rythmes sourds à faire éclater le crâne des groupes de heavy metal ou les paroles de hip-hop à la limite de la grossièreté et de l'obscénité. Bien sûr, comme c'est le cas des autres exemples abordés dans cette section, une relation parent-enfant raisonnablement positive facilitera beaucoup les mesures de compromis. Il ne faut sûrement pas que le parent cède tout et que l'adolescent récolte tout. Ici, il faut souligner que les adolescents sont à un stade développemental égocentrique et que, de ce fait, à la moindre possibilité qui leur est offerte, ils prendront tout ce que vous êtes prêt(e) à céder ; donc, il est essentiel que l'établissement de limites soit un processus continu.

LES DROITS DES AUTRES

On ne devrait jamais laisser un adolescent devenir un tyran chez soi. L'approche parentale doit être très ferme : « Je comprends que tu aimes ta musique et que tu monterais le volume aussi haut que possible, mais comme cela empiète sur les droits du reste de la famille, c'est donc inacceptable. » L'adolescent peut grogner, se lamenter ou se rebeller grossièrement, mais ne vous laissez pas distraire : occupez-vous des conséquences du comportement grossier inacceptable séparément, puis passez aussitôt en mode choix/conséquences parce que c'est assurément votre problème quand vos droits sont bafoués. « Tu peux écouter ta musique dans ta chambre, à condition que le volume ne soit pas monté à plus de la moitié. Si tu choisis d'insister pour l'écouter à un volume plus élevé, je présumerai que tu as choisi de voir ton lecteur de CD confisqué pendant deux jours. »

Fini de quémander, d'implorer, de menacer ou de harceler. Frappez tout simplement à la porte et déclarez calmement : « Je comprends que tu as choisi de me confier ton lecteur de CD durant deux jours. » Il peut pleurer et gémir, mendier et piquer une crise de colère. L'épreuve décisive est pour vous, l'adulte : rester cool, calme et serein, mais très cohérent quant au fait qu'il a choisi une conséquence. Il a eu toute la latitude pour choisir autrement, c'est-à-dire coopérer concernant le niveau du volume.

RADIOS D'AUTO

Un bref commentaire à propos des radios d'auto. Une plainte très courante des parents très tannés concerne la tendance d'adolescents irréfléchis et nombrilistes à monter dans l'auto à la sortie de l'école et, sans le demander, changer de station. Vous êtes calme et détendu à écouter Vivaldi. L'adolescent monte dans la voiture : pas de « Bonjour, Maman », ou de « Content de te voir »... rien d'autre que la main sur le sélecteur de stations, un grognement et l'irruption soudaine, criarde et sourde d'un groupe de rock ou de hip-hop quelconque.

Un message au Je très succinct s'impose ici : « Je trouve cela extrêmement grossier et irritant que tu changes ma musique sans même me le demander d'abord. » L'enfant aimable peut rétorquer : « Oups, désolé… J'avais l'esprit ailleurs. » Néanmoins, la réponse habituelle ressemble à : « Ta musique est trop plate et j'ai besoin de rester éveillé(e). » Pour éviter une lutte de pouvoir tandis que vous conduisez dans la circulation intense, déclarez simplement sur un ton très ferme : « Dans ce cas, je pense qu'il est préférable d'éteindre la radio. »

L'adolescent le plus provocateur tentera ensuite de passer outre en la rallumant malgré tout. Vous pourriez alors être obligé de faire une halte. Restez très calme et soit vous déclarez que vous ne pouvez rouler à moins qu'il change de comportement, soit vous retirez l'antivol de la radio. Ce trajet peut prendre plus de temps que prévu, mais votre adolescent saisira le message que vous êtes sérieux dans ce que vous dites. L'essentiel, c'est de ne pas crier, ni hurler ni d'émettre de commentaires préjudiciables : seulement une fermeté tout à fait sérieuse concernant la limite que vous avez établie.

Retenez le point important mis de l'avant précédemment :

Les adolescents ont besoin de limites à éprouver, mais ils ont besoin aussi de savoir que leurs parents sont capables de faire respecter les limites.

Le point évoqué plus haut à l'effet de garder la grossièreté en un problème distinct soulève une autre question concernant les relations parents-adolescents.

Manières, attitude et comportement impoli

Ici, il importe de tracer des lignes très précises. Beaucoup de parents commettent l'erreur de faire des déclarations générales, comme : « J'en ai assez de ta mauvaise attitude. Si tu ne changes pas et n'adoptes pas une attitude plus positive, tes privilèges seront supprimés. »

Aussi compréhensible que ce soit, ce genre de commentaire est voué à l'échec. Il est notoire que les adolescents ont tendance à réagir en utilisant un langage corporel très négatif : ils roulent des yeux, soupirent, évitent sciemment tout contact visuel ou affichent un désintérêt total.

Ce sont toutes des manifestations tangibles d'une mauvaise attitude, mais il est aussi très difficile de les cibler d'une façon particulière. « Si tu n'arrêtes pas de lever les yeux au ciel et de soupirer, je vais confisquer ton cellulaire.» C'est voué à l'échec. Pourquoi? Un tel comportement n'est pas assez spécifique et, en toute justice, la conséquence n'est pas liée au « délit ».

CIBLEZ CE QUI EST CONCRET

Le problème ici est qu'il est pratiquement impossible d'identifier une attitude. C'est un problème très secret, très interne. Il y a plus de chances d'une issue positive quand le parent change de vitesse et cible des attitude concrètes, spécifiques. Il est préférable d'ignorer les yeux qui roulent et les soupirs. Une dose d'empathie peut convenir beaucoup mieux. « J'ai l'impression que ce que j'ai dit ne fait pas ton affaire » a plus de chances de garder la communication ouverte que de passer en mode disciplinaire avec trop de précipitation.

Par contre, si l'attitude se manifeste par un comportement inacceptable, le parent doit cibler la règle/limite qui a été mise à l'épreuve. Par exemple, l'adolescent claque la porte, lance les livres à l'autre bout de la pièce ou profère des jurons. Là, vous avez du concret sur lequel agir. « Je constate que tu es très en colère mais, quand on est en colère, on ne jure pas. » Si c'est la première fois que ce comportement se produit, vous pouvez saisir l'occasion pour établir la règle avec un choix et une conséquence : « Il est interdit de jurer. Si tu choisis de jurer, je déduirai un montant de ton argent de poche. » La prochaine fois que votre adolescent en colère jurera contre vous, déclarez-lui calmement : « Je comprends que tu as choisi de payer une amende. »

UNE MISE EN GARDE

Si votre adolescent est du genre provocant, les chances sont bonnes que, à ce moment, il puisse choisir de vous défier totalement en lâchant 10 jurons de suite. Gardez votre sang-froid. Ignorez totalement les neuf autres jurons et notez la déduction. Une mère monoparentale épuisée avec qui j'avais travaillé des années auparavant essaya ce qui précède. Elle revint au bout d'une semaine, l'air encore plus dépité, et répéta : « Je lui ai dit ce qu'il en était. Il a juré contre moi le lendemain. Je lui ai dit calmement qu'il avait choisi que je déduise de l'argent. Il a alors proféré une série de jurons. J'ai tenté de les compter, mais il a seulement ri et dit que, de toute manière, il s'en foutait.»

Cette mère persévéra, refusa de recourir à ses anciennes méthodes de riposte et s'appliqua à devenir assurée avec calme et très concentrée. Son fils continua d'être provocant – et de mettre les limites à l'épreuve –, mais il a réagi graduellement à la discipline cohérente et leurs relations s'améliorèrent nettement.

BONNES MANIÈRES ET COURTOISIE

Enfin, si on reste fidèle au principe de lâcher prise et d'accepter que les adolescents sont à développer leurs propres valeurs, nous devons atteindre l'équilibre entre notre insistance sur notre définition d'un comportement acceptable et la façon qu'ils choisiront pour réagir aux gens dans le futur. Par exemple, ce peut être une valeur parentale que de rédiger des lettres de remerciements et, jusqu'à un certain âge, le parent peut insister que ce soit fait. Cependant, le jour viendra où les adolescents accepteront ou rejetteront ce geste de courtoisie de leur propre système de valeurs. Comme dans toutes les autres questions adolescentes, il devrait y avoir des enjeux non négociables. Par exemple, si un adolescent est délibérément grossier à l'endroit d'un membre de la famille plus âgé, le parent a alors l'obligation d'imposer des consé-quences : «Il est inacceptable que tu parles à ta grand-mère de cette façon. Tu connais la règle et il semble que tu as choisi de voir ton cellu-laire confisqué durant 24 heures.»

Heures de repas

Le problème des heures de repas est une extension des bonnes manières et du comportement acceptable, en ce sens que, très souvent, l'adoles-cent, pris dans une relation négative avec ses parents, refusera de se joindre aux repas en famille. C'est un problème délicat. Dans le cas de l'adolescent rebelle plus jeune, il est essentiel que les parents établissent les limites très fermement : « Nous prenons tous nos repas ensemble, en famille.» L'enfant percevra souvent cela comme une occasion d'attirer l'attention, car les parents sont souvent très sensibles quand il est ques-tion de ce que leur enfant mange ou ne mange pas (nous nous penche-rons sur les troubles de l'alimentation plus loin). Beaucoup de parents ont déclaré, impuissants : « Elle insiste pour manger dans sa chambre. Au moins, de cette façon, elle mange mais, quoique tout le reste de la famille mange à la table, on n'arrive pas à ce qu'elle se joigne à nous.»

Dès que ce type de comportement se manifeste chez un jeune adolescent, les parents doivent établir fermement les limites. Si l'enfant refuse, déclarez calmement que les repas en famille sont non négociables et qu'il y aura des conséquences pour refus d'y participer. «Si tu choisis de manger dans ta chambre, je présumerai que tu choisis de ne pas faire partie de la famille. Par conséquent, tu resteras avec un gardien quand nous irons manger au restaurant samedi soir.» Assurez-vous d'y être fidèle s'il choisit de ne pas se joindre à la famille. Il ne devrait pas y avoir d'attention indue ou de quémanderie, mais seulement la très ferme cohérence de la conséquence qu'il aura choisie. Le non-respect des repas familiaux de la part d'un adolescent plus âgé indique habituellement des problèmes plus profonds. Nous nous pencherons sur cela plus loin.

TEMPS EN FAMILLE

À cette étape-ci, il est très important de souligner la valeur du temps en famille particulier. Beaucoup d'adolescents (même les très jeunes) commencent à préférer la compagnie de leurs pairs à celle de leur famille. Ne laissez pas cela devenir la norme. Par exemple, Maman, Papa et les frères et sœurs plus jeunes aiment faire une promenade le dimanche après-midi, tandis que l'adolescent de 14 ans insiste pour rester à la maison. Ce problème peut être évité, ou rapidement réglé, en tenant des réunions de planification régulières. «Assoyons-nous et discutons de nos activités de fin de semaine. Je suis heureux que vous tiriez des plans pour samedi après-midi, mais dimanche est un temps en famille pour faire quelque chose ensemble.» Le moyen positif pour faire face à toute résistance, c'est de permettre à chaque membre de la famille d'avoir la chance de choisir une sortie ou une activité dans une liste préétablie. Cela fait, si votre adolescent fait toujours la forte tête, vous devrez passer en mode limite. «Nous avons déjà discuté de notre sortie de dimanche. Donc, si tu refuses de nous accompagner, tu connais la conséquence. Cependant, seulement pour te rafraîchir la mémoire, tu auras fait ton choix de ne pas sortir avec tes amis samedi prochain.»

Il peut tenter de ruiner la sortie en boudant ou en cherchant querelle à ses frères et sœurs, mais tentez d'ignorer cela si possible. Vous pourriez quelque chose comme : «Je vois que tu n'es pas content de venir, mais nous avons conclu une entente et nous sommes une famille qui fait des choses ensemble. Tu n'est pas obligé d'y prendre plaisir – c'est ton choix –, mais si tu continues de gâcher notre plaisir à nous, tu seras certainement consigné à la maison samedi prochain.»

Quand votre adolescent atteindra l'âge légal à 18 ans, il dépendra moins de la famille et volera de ses propres ailes. Selon toute probabilité, il sera peu porté à participer aux sorties du dimanche. Néanmoins, aussi longtemps qu'il habite chez vous (et en retire les avantages, ce faisant), il aura besoin de coopérer aux événements familiaux importants. En fait, cela s'applique même après avoir quitté la maison. «C'est le 80e anniversaire de ton grand-père dans trois semaines et il apprécierait que tu assistes à son dîner de fête.» Ou «Nous sortons tous pour le souper vendredi pour célébrer la remise de diplôme de ta sœur et nous espérons que tu seras de la fête.»

Dans un chapitre ultérieur, nous traiterons des situations où la relation parent-enfant est si dégradée qu'aucune mesure d'incitation, ou même d'imploration, ne forcera l'adolescent à se joindre aux événements familiaux.

Tâches

Le symptôme de la préoccupation adolescente avec soi-même se manifeste souvent par une indifférence totale au fait qu'ils sont membres d'une famille et que, par conséquent, ils doivent accomplir certaines corvées domestiques nécessaires. Ils développent une merveilleuse propension à devenir sourds, muets et aveugles quand ils voient leurs parents vaquer aux tâches ménagères quotidiennes. C'est assurément un domaine où les compétences en résolution de problèmes sont nécessaires, mais beaucoup de parents, fatigués de demander gentiment, cajoler, soudoyer (même au risque de s'épuiser totalement ou d'acheter un aller simple pour Tahiti!) abandonnent finalement pour avoir la paix. «Tout simplement, c'est plus facile d'y voir moi-même» est la conclusion de nombreux parents d'adolescents harassés. «L'effort n'en vaut tout simplement pas la peine» en est une autre.

Soyez clair concernant ce que vous voulez

Pourtant, les adolescents me confient souvent qu'ils souhaitent seulement que leurs parents soient clairs et précis en assignant ces tâches :

« Quand ma mère revient à la maison avec l'épicerie, elle s'attend à ce qu'on réagisse comme des robots. Si on regarde une émission de télé, elle soupire, boude et, finalement, pique une crise. » C'est clair, cette mère espère que ses adolescents centrés sur eux-mêmes témoigneront de l'empathie et de l'attention et qu'ils offriront leur aide sans qu'elle soit quémandée. Malheureusement, il est rare qu'il en soit ainsi. Elle doit entrer et dire quelque chose du genre : « Je vois que vous regardez votre émission, mais je suis très fatiguée et j'ai besoin de votre aide pour transporter les sacs et ranger l'épicerie. Quand les publicités commenceront, s'il vous plaît, venez m'aider à les rentrer. »

Avec un peu de chance, ils réagiront à cette requête raisonnable mais, s'ils continuent de vous ignorer, vous devrez hausser le tout d'un cran : « J'ai demandé gentiment votre aide et je suis très déçue que vous ayez choisi de m'ignorer. Si je dois aller chercher les sacs moi-même, j'ai bien peur de refuser de préparer le souper. Votre père et moi, nous irons au restaurant et vous vous débrouillerez avec votre repas. » Il se peut qu'ils s'en fichent, mais ils saisiront le message que vous pensez vraiment ce que vous dites.

ATTRIBUER LES TÂCHES

L'attribution des tâches domestiques requiert assurément une délégation démocratique. Toutefois, plutôt que les vieilles méthodes autocratiques (« Tu peux sortir le bac à ordures, Paul, et Rosalie, tu peux nourrir les chats. »), il faut accepter une approche plus coopérative. Convoquez une réunion de planification et, ensemble, dressez la liste des tâches qui doivent être accomplies et décidez d'une attribution équitable. On peut procéder au hasard : chaque tâche spécifique est inscrite sur un bout de papier, on met le tout dans un bol, puis chaque membre de la famille tire un bout de papier. Ensuite, on peut établir une liste et la fixer au réfrigérateur, afin qu'il n'y ait aucune méprise. Cette procédure peut devenir un rituel hebdomadaire pour assurer la rotation des tâches.

Il est très important que les adolescents comprennent quelles sont les conséquences si les tâches ne sont pas accomplies. « Quand c'est ton tour de laver la vaisselle et que ce n'est pas fait à 21 heures, je présumerai que tu as décidé de me payer pour le faire et je déduirai ton allocation. » Ou « Si je dois sortir les ordures pour la collecte du mardi matin, je noterai que tu as 30 minutes de moins sur Internet. »

RÉSUMÉ DES PROBLÈMES « MINEURS »

- Demandez-vous si c'est vraiment assez important pour en faire un enjeu disciplinaire.
- Ou, si cela relève seulement d'un aspect qui pourrait être attribué au besoin développemental de votre adolescent de faire bande à part et de forger sa propre identité?
- Dans ce cas, l'empathie/l'écoute attentive ne serait-elle pas plus propice pour évoquer la coopération et minimiser le risque de conflit?
- Toutefois, si c'est un enjeu qui exige l'établissement ferme de limites, assurez-vous que votre adolescent(e) est prévenu(e) des choix et des conséquences de certains choix qu'il/elle fera.
- *N'oubliez pas la nécessité de contrôler votre bouton « pause ». Essayez le langage au Je assuré puis, avec fermeté et cohérence, appliquez la conséquence que l'adolescent(e) aura donc choisie.*

Discipline efficace

Autres problèmes du comportement adolescent

Ayant présenté les problèmes quotidiens plus simples, nous nous penchons maintenant sur un autre ensemble de problèmes courants. Une fois de plus, il est préférable que vous soyez clair et que vous établissiez des limites fermes pendant que l'enfant est au stade de la préadolescence, quoiqu'il ne soit à peu près jamais trop tard pour commencer. Il a aussi besoin de comprendre que les systèmes de valeurs/règles diffèrent d'une famille à l'autre et que ce qui peut être acceptable chez les parents de ses ami(e)s ne le sera pas toujours pour vous.

TRAVAUX SCOLAIRES, AMIS, CENTRES COMMERCIAUX, COUVRE-FEU, FÊTES ET BARS

En nous déplaçant sur le spectre depuis les problèmes plus courants jusqu'aux problèmes plus graves des adolescents, nous arrivons aux premiers de ceux-ci que j'ai rencontrés entre les adolescents, leurs parents et leurs enseignants. La routine des devoirs et de l'étude est une zone à risque élevé de conflits et la plupart d'entre nous doivent gérer ces deux problèmes, sinon sur une base continuelle, du moins de temps à autre.

Routine des devoirs et de l'étude

Quand l'enfant est jeune, on conseille souvent le parent de ne pas devenir trop contrôlant en ce qui a trait aux travaux à domicile, mais de permettre plutôt à l'enfant de faire l'expérience des conséquences s'il n'a pas fait ses devoirs quand il retourne à l'école. J'ai dit des centaines de fois aux parents qu'il y a quatre zones du comportement où les parents ne peuvent forcer l'enfant à se conformer : manger, dormir, aller à la toilette et étudier. L'enfant comprend très vite qu'il peut refuser de coopérer. Vous pouvez vous tenir sur la tête, supplier, négocier ou soudoyer, mais c'est comme s'il se disait avec arrogance à lui-même : « Il n'y a rien que tu puisses faire pour m'obliger », particulièrement s'il est du type difficile. Vous pourriez vous débarrasser de tous vos appareils électriques et numériques et l'enchaîner à son bureau, mais cela ne servira toujours à rien. Le fait est que, s'il sent qu'il y a une lutte de pouvoir, il restera assis là trois heures et n'apprendra rien du tout. À l'école secondaire, le problème devient bientôt plus sérieux : si votre adolescent refuse d'étudier et échoue son année, qui devra alors payer les frais de scolarité de l'année supplémentaire ? L'enjeu ici consiste à commencer plus tôt, dans toute la mesure du possible, avec une période de tranquillité claire et négociée consacrée aux travaux scolaires.

On coupe le courant

Cela peut être mis en place par une séance de résolution de problèmes. Il peut être décidé, à titre non négociable, que tous les cellulaires, téléviseurs, chaînes stéréo, iPod et ordinateurs (à moins qu'on en ait besoin pour des projets) sont fermés durant une certaine période convenue. Ensuite, quoique vous ne serez peut-être pas capable de le forcer à faire ses travaux scolaires, l'enfant comprendra au moins que c'est la période tranquille officielle, même si ce n'est que pour regarder dans le vide durant une heure !

Soyez très clair à l'effet que les travaux scolaires sont la responsabilité de l'adolescent et que vous avez confiance qu'il se tient à jour et accepte les conséquences s'il ne complète pas les tâches, comme être confiné à l'intérieur à la récréation ou une retenue. Heureusement, ces conséquences sont gérées à l'école et on ne s'attendra pas à ce que vous infligiez les conséquences à la maison.

Dites à votre adolescent que vous n'allez pas le harceler, lui rappeler, le soudoyer ou le surveiller. Cela dit, vous avez néanmoins toujours le droit d'exprimer vos sentiments par le langage au Je : « Je suis très préoccupé(e) par ton manque de volonté à étudier pour les examens. » À l'occasion, si cela paraît nécessaire, rappelez-lui les conséquences convenues pour un mauvais bulletin.

Fais ta part

Durant une « séance » calme mais ferme au début de l'année scolaire ou d'un nouveau trimestre, dites quelque chose comme : « Je ne veux pas te harceler ou te surveiller pour savoir si tu fais tes travaux scolaires. Je vais croire que tu fais de ton mieux ; par contre, si ton bulletin d'octobre montre que tu n'as pas fait ta part, tu ne regarderas plus la télévision du lundi au jeudi jusqu'à ce que ton prochain bulletin montre une amélioration. » Il y a d'autres options, comme moins de sorties la fin de semaine, moins de temps à l'ordinateur ou confisquer le cellulaire tous les jours de la semaine après l'école.

Quand votre adolescent revient à la maison avec un bulletin moins que positif, restez calme et évitez une réprimande qui porte un jugement. Cependant, vous pouvez dire fermement : « Il semble que tu as choisi de ne pas regarder la télévision durant la semaine, jusqu'au prochain trimestre. » Quand il explose de désespoir, de furie ou de tristesse, vous ne devez pas déplacer les limites, même au nom de votre propre santé mentale ! Vous pouvez témoigner de l'empathie, tout en restant ferme : « Je comprends que ce sera très difficile, mais nous pouvons enregistrer tes émissions favorites et tu les regarderas la fin de semaine. Quand tes résultats s'amélioreront, nous verrons si tu peux regarder la télévision la semaine, à condition que tes devoirs et ton étude n'en souffrent pas. »

Que faire s'ils ne coopèrent pas ?

Juste un mot ici sur l'importance des attentes réalistes : les exigences scolaires augmentent à l'école secondaire et votre adolescent peut lutter sincèrement pour y faire face ; par conséquent, assurez-vous que, en fonction de ses capacités, il est dans la bonne école. Il est préférable de bien s'adapter à un programme général à l'école ou au collège plutôt que de se débattre dans une école à programmes spéciaux exigeants. L'adolescent qui a une piètre estime de soi peut aussi commencer à décrocher parce que ses sentiments d'insuffisance et de désespoir augmentent. C'est l'adolescent qui peut ensuite succomber très facilement à la pression des pairs et avoir recours aux substances illégales pour s'adapter et se sentir accepté.

Nous parlerons plus loin de l'approche ToughLove ; pour le moment, qu'il suffise de mentionner que, si votre relation, et par conséquent votre communication, avec votre adolescent plus âgé s'est gravement détériorée, vous devrez peut-être adopter une approche plus draconienne. S'il refuse catégoriquement d'étudier et que vos efforts sincères pour l'aider n'aboutissent qu'à des luttes de pouvoir sans fin, il peut être temps pour lui de faire l'expérience de quitter l'école, trouver un emploi et ne recevoir aucune aide financière outre les montants de base pour le gîte et le couvert. J'y reviendrai plus loin mais, heureusement, la plupart des adolescents comprennent qu'ils ont besoin de terminer l'école (même si c'est un passage obligé plutôt déplaisant pour l'heure), afin de gagner éventuellement liberté et indépendance !

Les amis

Ici, nous abordons des problèmes très chargés d'émotions. Comme parents, nous ne voulons que le meilleur pour nos précieux enfants. Quand ce sont des bébés et des tout-petits, et même durant les années d'école primaire, nous pouvons toujours influencer leur choix d'amis jusqu'à un certain point. Les parents peuvent ne pas se réjouir de ce que leur enfant de six ans timide et gentille se lie à la fille la plus contrôlante de la classe, mais ce n'est qu'un début : nos enfants ont besoin de trouver leurs propres amis, puis d'apprendre à gérer tous les problèmes d'amitié qui ne manqueront pas de surgir. Délicatement, mais en tenant compte de leur capacité d'adaptation, nous les guidons dans ce processus du choix d'amitiés mutuellement gratifiantes. Au fil de l'adolescence, l'influence du groupe de pairs augmente et il devient très important d'être accepté au sein du « groupe alpha ». Très souvent, l'enfant se comportera d'une façon qu'il sait inacceptable, simplement pour être jugé digne de faire partie du groupe populaire, et cela transcende tout le reste. Être étiquetés de *loser*, de *nerd* ou de *geek* les met dans une situation des plus misérables. Par conséquent, les adolescents plus jeunes en particulier graviteront souvent autour de groupes d'amis que nous, comme parents attentifs, *savons* qu'ils auront des répercussions négatives. La question posée par de nombreux parents : « Quand est-ce que je défends à mes enfants d'avoir des amis qui ne conviennent pas ? » La réponse n'est pas simple.

Qu'est-ce qui les attire ?

À presque tous les âges, le principe du « fruit défendu » s'applique, mais vos enfants seront particulièrement attirés par ces amis inacceptables durant l'adolescence. Pourquoi ? Eh bien, vous êtes le parent qui ne comprend tout simplement pas qu'ils sont en train de se séparer de vous. Par

conséquent, vos restrictions ne font qu'augmenter leur besoin de contes-
ter votre opinion et d'afficher leur autonomie en vous désobéissant.

Cependant, vous avez le droit (et, bien sûr, la responsabilité) de guider
et de protéger votre enfant, particulièrement l'adolescent rebelle.

Vous aurez plus de chances de réduire le conflit en évitant le rejet
en bloc d'un ami : « Il n'est pas question qu'une enfant pareille mette les
pieds dans ma maison. Sais-tu de quel genre de famille elle vient ? » Cela
déclenchera l'instinct de protection et ne fera qu'augmenter l'attrait. « Tu
es tellement snob ! Tu devrais avoir pitié d'elle. Ses parents ne veulent
même pas d'elle pour vrai. »

Vous aurez beaucoup plus de chances d'être entendu si vous dites
quelque chose comme : « Je trouve difficile d'accepter quelqu'un qui ne
me salue jamais ou qui ne dit pas merci quand elle part. » Pour votre
adolescent, c'est plus difficile à défendre qu'une opinion vague et subjective, surtout si c'est un fait.

ÉVITEZ D'EN FAIRE UNE AFFAIRE PERSONNELLE

L'ami inacceptable sera souvent un ami qui paraît avoir moins de
contraintes et plus de liberté. Le parent peut alors se concentrer sur les
règles et limites, évitant ainsi toute remarque personnelle concernant
l'ami. « Notre règle, c'est que tu es à la maison à 23 heures. Je comprends

que Laurie peut rentrer plus tard, mais cela concerne ses parents. Chez nous, la règle actuelle, c'est "à la maison à 23 heures". Si tu arrives plus tard, tu connais les conséquences.» Ou «Désolée, mais notre règle est : pas de fête ouverte à tous à moins que ton père ou moi ne téléphonions et vérifiions qui assurera la supervision. Je sais que les parents de Laurie ne le font pas et c'est leur décision. Dans cette famille, par contre, nous vérifions, sinon tu n'y vas pas.»

Comme vous pouvez le constater, il n'y a rien de personnel concernant Laurie ou ses parents. Bien sûr, à mesure que nos adolescents deviennent des adultes, ils choisiront assurément eux-mêmes leurs amis. Vous souvenez-vous du problème du choc des valeurs ? Dans le processus du lâcherprise, nous leur permettons peu à peu d'apprendre de leurs propres erreurs... et ils *feront* certains mauvais choix dans le processus, mais vous ne pouvez les en empêcher (rappelez-vous *Le papillon*). Essayez de ne pas retrancher votre enfant de votre existence parce que vous n'approuvez pas son choix d'amis ou de partenaire. Gardez la porte de la communication ouverte parce que, quand ils comprennent leur erreur, ils peuvent avoir besoin de se tourner vers vous. Nous avons tous besoin de l'acceptation rassurante de nos parents tout au long de notre vie : trop de parents âgés vivent tristes et seuls parce qu'ils ne pouvaient ou ne voulaient pas accepter le choix d'ami ou de partenaire de leur enfant. Une fois de plus, vous avez le droit de réaffirmer vos règles de base : «Tu sais qu'il n'est pas permis de fumer dans la maison. Si Pascal veut fumer, s'il vous plaît, demande-lui d'aller dans le jardin.» Si votre enfant en prend ombrage et décide que Pascal n'est pas bienvenu dans votre maison, c'est alors la décision de votre enfant, mais vous n'aurez pas été la personne qui l'exclut. Vous pouvez signaler qu'il est bienvenu en tout temps, mais que la règle interdisant de fumer est non négociable.

L'essence de la gestion efficace de la question très sensible du choix des amis, c'est qu'elle réussit quand on reste centré objectivement sur les faits et le comportement, plutôt que sur une opinion subjective et des commentaires personnels.

LES AMIS SEMBLENT PRENDRE TOUTE LA PLACE
Dès la cinquième et la sixième année, les préadolescents semblent devenir obsédés par la présence de leurs amis. Ils arrivent de l'école et, aussitôt, ils textent et parlent aux amis auxquels ils viennent tout juste de dire

au revoir au sortir de l'école il y a une demi-heure. Ils ne veulent rien de moins que de passer chaque minute avec ces amis, les fins de semaine devenant un événement social « mur à mur » et les parents luttant pour obtenir que leurs enfants passent du temps en famille, sans même parler du temps d'étude. Il y a urgence à établir des limites. Les jeunes doivent savoir qu'il doit y avoir des limites raisonnables. Il est sage de s'assurer que les limites sont très fermes quand ils sont toujours à l'école primaire et, que ça leur plaise ou non, ils ont toujours besoin d'aide pour maintenir un équilibre dans leur vie, même durant les premières années d'école secondaire. Ils ont besoin d'apprendre à faire des choix matures à l'intérieur du cadre de limites établies par des parents attentifs. « Passeras-tu du temps chez Robert vendredi soir ou samedi ? » « Préférerais-tu aller à la pizzéria samedi après le match de football ou plus tard en après-midi ? Il ne peut s'agir des deux. » Ces jeunes adolescents ont besoin de limites établies par des parents attentifs pour les aider à rester bien ancrés et apprendre à gérer leur temps de façon appropriée.

Dormir chez un ami... un ajout au problème des amis

Il y a plusieurs années, je me rappelle avoir demandé à la mère d'une fille toxicomane quand elle pensait que le problème avait débuté. D'abord, elle répondit que cette question l'avait hantée des années durant, mais qu'elle n'avait pu vraiment découvrir une cause. Toutefois, après réflexion, elle sembla sûre que les graines avaient été semées quand sa fille était en première secondaire. Elle avait commencé alors à dormir chez certaines amies. « Je me rends compte maintenant que je n'ai pas été assez vigilante. Je n'ai pas vérifié et j'ai cédé devant son habileté à me piéger quand j'étais épuisée et dans un creux. Je venais tout juste de divorcer et je luttais pour m'adapter ; par conséquent, il n'y avait pas assez de supervision et elle a commencé à fréquenter une bande vraiment très louche. Je suis sûre que c'est avec eux qu'elle a fait ses premières expériences. »

Vous avez le droit de poser des questions

Cela ne signifie pas que dormir chez des amis devrait être complètement banni. En fait, beaucoup de parents d'enfants plus jeunes les encouragent à rester après une soirée pyjama chez leur meilleur ami. Durant l'école primaire, il est essentiel que vous connaissiez les parents et que vous sachiez ce qu'ils feront. Vous avez le droit de poser des questions et de vous attendre à des réponses raisonnables. Nous avons permis à l'une de nos filles de dormir chez une amie même si nous connaissions à peine ses parents. Elle avait environ 11 ans, fréquentait une petite école et nous pensions que tous les parents avaient des valeurs de base semblables aux nôtres. Notre fille nous téléphona plus tard dans tous ses états, disant que la mère était sortie et avait confié les enfants à une étrange gardienne d'enfants. Nous n'avons jamais découvert la nature exacte du problème, mais les enfants ont parfois un simple mauvais pressentiment. Ayant tenté de joindre la mère, mais sans succès, nous sommes donc allés chercher notre enfant et avons laissé une note plutôt succincte. La leçon retenue : ne laissez jamais rien au hasard quand il s'agit de dormir chez un ami. Comme pour tout le reste, les parents ne peuvent pas continuer de restreindre indéfiniment les choix de leurs adolescents, quoique l'on souhaite que, une fois à l'adolescence (surtout les dernières années), nos enfants pourront conclure des ententes négociées et accepter les conséquences des choix qu'ils feront ensuite. Cela dit, surtout à l'extrémité plus jeune de l'éventail d'âge, les parents doivent insister pour vérifier les arrangements faits. Inculquez-leur ceci : si les plans changent, qu'ils vous informent aussitôt, même s'il est une heure du matin.

Les changements de plan

Les adolescents se laissent souvent emportés par le plaisir de l'occasion, la rencontre d'un autre ami ou d'un groupe d'amis par exemple, puis quelqu'un finit par dire : « Allons chez Dom. Ma mère ne nous attend pas avant minuit et personne ne va s'en faire qu'on soit ici ou ailleurs. » Puis quelque chose se produit. Un parent téléphone à la maison où ils sont supposés être et personne ne sait où ils sont vraiment. Naturellement, les parents s'inquiètent, paniquent ou sont en colère, ce qui est bien compréhensible. Il est nécessaire d'instaurer des conséquences très précises et sérieuses pour ne pas avoir communiqué les changements de plan, lors d'une sortie ou d'un coucher à l'extérieur.

Centres commerciaux, couvre-feux, fêtes et bars

Nous pénétrons maintenant dans le champ de mines des différences d'opinions adolescent-parent. On peut souvent remonter à la source des problèmes, soit un établissement de limites incohérent dans les années préadolescentes quand, surtout dans le cas des deuxièmes enfants (ou suivants), les parents accordent souvent trop de liberté trop tôt. Le premier enfant a souvent des limites plus fermes parce que les parents sont souvent un peu plus « sur les nerfs ». Après tout, c'est une courbe d'apprentissage pour les parents aussi et, par conséquent, le premier enfant sert de cobaye à tous les stades. À l'occasion, cependant, le contraire est vrai et vous pouvez constater que vous êtes plus ferme avec le deuxième enfant, seulement parce que vous estimez avoir accordé trop de liberté trop tôt à l'aîné et que cela a créé des problèmes.

Si vous n'avez pas encore péché en accordant trop de latitude, alors soyez sur vos gardes et commencez en établissant des limites très claires, très fermes.

« On ne couche pas ailleurs, à moins qu'on ne connaisse les parents. »

« Tu peux aller à la fête, mais je vais te chercher à 22 heures. »

« Nous allons téléphoner et vérifier qu'un adulte responsable assurera la supervision. »

« Nous allons te reconduire jusqu'à la porte et nous assurer que les parents sont à la maison. »

Ces règles de base sont essentielles pour les préadolescents et les jeunes adolescents. Il y a trop de regrets quand des parents se sentent éprouvés par la colère et les affirmations adolescentes comme « Je ne serai jamais capable de me montrer la face à l'école après tout le tapage que tu as fait avec la mère de Gabrielle. » À vrai dire, il est préférable d'être accusé d'être trop strict et vieux jeu plutôt que de subir plus tard tout le poids des répercussions d'un parentage trop permissif.

Il y aura toujours des parents plus permissifs que vous et vos enfants vous rebattront les oreilles avec des exhortations à l'effet que ces enfants sont tellement plus chanceux qu'eux. Tenez à vos principes, car vous découvrirez que la plupart des parents préféreraient garder des règles et limites plus fermes plus longtemps.

MAINTENIR UN ÉQUILIBRE

Évidemment, il y a toujours la question du juste milieu et de la capacité de maintenir l'équilibre idéal. Tandis que certains parents peuvent être trop souples et permissifs, d'autres peuvent aussi être trop autocratiques et rigides. Maintenir l'équilibre optimal implique que les parents partent depuis une position de limites plus fermes pour l'enfant plus jeune. À mesure que l'enfant grandit et montre qu'on peut lui faire confiance et qu'il peut se conduire de façon responsable, ces limites peuvent être repoussées peu à peu, jusqu'à ce que votre jeune adulte soit à même de mener judicieusement sa propre vie. Il aura intériorisé le principe que l'aspect le plus essentiel d'une existence indépendante, c'est de pouvoir accepter les conséquences de ses choix.

Une autre observation relative au problème du parentage trop permissif, c'est que les parents qui semblent incapables d'établir des limites fermes ont souvent peu de limites dans leur propre vie. Ils sont confus et, dans leurs efforts pour ne pas fâcher leurs enfants, ils deviennent plus comme des amis que des parents. *Nous ne sommes pas les meilleurs amis de nos enfants. Ils ont besoin que nous demeurions fermement établis comme leurs parents. Nous pouvons jouir de liens chaleureux et positifs avec eux, tout en maintenant toujours l'encadrement sécuritaire de limites appropriées à l'âge.*

La triste vérité, issue d'innombrables études de cas, c'est que les enfants qui grandissent à l'intérieur de limites définies commencent à se questionner : « Mes parents m'aiment-ils vraiment ? Sûrement, s'ils m'aimaient ils me protégeraient contre des expériences que je ne suis pas encore prêt(e) à affronter, même si je lutte contre eux pour plus de liberté. »

J'AIMERAIS LE FAIRE, MAIS...

Comme je l'ai dit dans un chapitre antérieur, les adolescents repousseront les limites. Toutefois, ce peut être un soulagement que d'avoir des parents à blâmer pour ne pas pouvoir accepter certaines invitations : « J'aimerais vous rejoindre au centre commercial, mais mon père est tellement strict qu'il ne me laissera pas y aller un soir de semaine. Il est vraiment pénible ! » La vérité peut être que, même s'il rouspète et grogne pendant quelque temps, il est secrètement soulagé parce qu'il lui aurait été trop difficile de dire : « Désolé, je ne peux vraiment pas me joindre à vous. J'ai trop de travaux scolaires. »

Voici un cadre général pour les parents quand vient le temps de prendre une décision concernant la vie sociale si importante de leurs adolescents.

LES ADOLESCENTS AU CENTRE COMMERCIAL

Les centres commerciaux sont devenus des lieux de rencontre essentiels pour les adolescents. Des groupes de filles s'habillent de façon provocante et se promènent, espérant être remarquées par des groupes de garçons. Ou les filles fréquentent des groupes de garçons qui espèrent « marquer des points ». Ils échangent ensuite leurs numéros de cellulaires et le jeu commence : texter devient leur *modus operandi* pour établir des relations (on se penchera plus loin sur les cellulaires).

D'abord, les enfants de moins de 12 ans ne devraient pas être laissés sans la supervision d'un adulte. S'ils sont invités au cinéma, un parent devrait s'assurer que les billets sont achetés et que les enfants sont assis en sécurité dans la salle. Si le parent qui supervise décide d'attendre dans un café voisin, cela devrait aller à condition que les enfants sachent où il est et comment le rejoindre si un problème surgit. Puis, à mesure qu'ils vieillissent, on peut repousser lentement les limites. Si un groupe d'adolescents de 13-14 ans se rencontrent au centre commercial, les parents devraient établir des règles claires : « Tu peux aller au cinéma, puis au restaurant pour une frite. J'irai t'y chercher à 19 h 30. Si je découvre que tu n'es pas là où tu m'as dit que tu serais et si tu n'attends pas au restaurant, tu ne sortiras pas à la prochaine invitation. » Les adolescents plus âgés devraient avoir démontré leur capacité de rencontrer des amis et de garder la confiance parentale ; néanmoins, si vous ne savez pas où se trouve votre adolescent de moins de 18 ans quand vous l'attendez dans votre auto à l'extérieur du centre commercial à 23 heures, il devrait connaître les conséquences. C'est alors que vous lui rappelez, aussi calmement que possible, l'entente que vous avez faite ensemble. « Je vois que tu as choisi de ne pas être véhiculé en auto pendant une semaine. »

Couvre-feux

Ce sont des mesures importantes pour établir des limites claires et sécuritaires et, comme pour tous les autres enjeux, elles sont strictes et fermes au départ, puis s'assouplissent plus tard. Les couvre-feux sont un bon exemple de l'importance de prendre le temps de négocier et de résoudre les problèmes à l'avance. On transmet ici le message très clair que ce problème est pris très au sérieux ; par conséquent, ne faites pas de compromis sur ce que vous estimez juste et approprié pour votre enfant. Soyez prêts à écouter et permettre aux sentiments et aux opinions de s'exprimer, mais restez calmement inébranlables en ce qui concerne votre entente négociée : « Je sais que tu penses que minuit serait plus juste, mais je préférerais 22 heures, quoique je sois prêt à aller jusqu'à 23 heures. Quand tu auras 15 ans, nous renégocierons et discuterons d'une heure plus tardive, à condition que tu coopères avec ce couvre-feu maintenant. »

Évidemment, il y aura des exceptions à toute règle et, donc, soyez prêt à faire preuve de souplesse si des circonstances très spéciales se présentent, mais assurez-vous que votre adolescent comprend que cette exception ne deviendra pas la règle. Méfiez-vous de l'adolescent manipulateur qui exercera des pressions sur vous plus tard : « Tu es tellement injuste. Tu m'as laissé revenir à minuit quand on a fêté chez Alex et, maintenant, on revient à 23 heures. Si c'est comme ça, je ne reviendrai pas à la maison. Tu ne peux pas m'obliger ! »

La réponse appropriée pourrait être : « Nous avons convenu que les circonstances de la fête d'Alex étaient spéciales parce que sa sœur revenait de Londres et sa mère m'avait demandé d'assouplir la règle. L'entente dit que ton couvre-feu est toujours à 23 heures. Donc, si tu as du retard, tu auras choisi d'être consigné à la maison la fin de semaine prochaine. J'espérais que tu sois mature et responsable à cet effet, mais c'est à toi de décider. »

Fêtes et bars

Les parents d'adolescents doivent être très vigilants quand il est question de fêtes... surtout ces fêtes « ouvertes » où un adolescent invite des amis à la maison sans limiter leur nombre. Le mot circule et une horde d'adolescents fond sur les lieux. Ce type de situation ouverte et sans limite est propice à de graves problèmes. Nous avons établi que les adolescents ont définitivement besoin de limites et, pourtant, ces situations n'offrent que des règles et limites très vagues. Elles sont aussi un terreau fertile idéal pour les revendeurs de drogues et la distribution d'alcool. Les histoires abondent de fêtes de ce genre, où des entrepreneurs adolescents plus âgés arrivent à la maison pour vendre des boissons alcoolisées à des jeunes de 12 et 13 ans. La triste réalité, c'est que les parents sont dans leur salle de télévision à visionner un film avec un verre de vin, tout à fait inconscients de ce qui se déroule virtuellement sous leur nez.

Rappelez-vous d'être vigilants, fermes et catégoriques quant à téléphoner et vérifier. Au besoin, exercez un contrôle ponctuel avant le couvre-feu. Ne déposez jamais votre adolescent à l'entrée sans vous être assuré de la supervision et n'abandonnez jamais votre vigilance et les limites claires que vous avez établies. Ils peuvent penser que vous ruinez leur vie maintenant, mais ils vous remercieront presque certainement plus tard (quoique, pour être parfaitement honnête, ce puisse être beaucoup d'années plus tard).

En ce qui concerne les bars

La question, ici, c'est que les bars ne sont pas pour les moins de 18 ans. Ce sont des centres de divertissement pour adultes où on vend de l'alcool et où il est souvent facile d'obtenir des drogues. Peu importe leur emballage prétendument anodin et inoffensif, ce sont toujours des bars et ils sont destinés aux adultes, non aux adolescents.

La responsabilité des parents qui aiment et qui prennent soin de leurs enfants consiste à mettre une limite étanche autour de ce problème. *Les bars sont hors des limites pour les moins de 18 ans. Fin de l'histoire. Aucune négociation.*

Établir des réseaux parentaux

Un problème qu'on déplore fréquemment, c'est que beaucoup d'adolescents, déterminés à tout prix à faire partie du monde des bars, feront tout ce qu'il faut pour y aller avec des amis et faire l'expérience du fruit défendu, peu importe le nombre ou la taille des mensonges qu'ils devront conter. Ils se couvriront les uns les autres, mais les réseaux d'intrigues sont découverts éventuellement quand les parents commencent à vérifier deux fois les prétendues soirées vidéo et soirées pizzas chez des amis. Le problème est aggravé quand des parents permissifs permettent à leur enfant mineur d'y aller et cette perspective intéressante devient une irrésistible tentation pour ses pairs.

Les parents doivent se supporter les uns les autres. Des réseaux de parents doivent revérifier où sont leurs adolescents et ce qu'ils font. Ils doivent souligner à leurs adolescents qu'ils auront confiance en eux jusqu'à ce qu'ils brisent leur confiance en défiant les règles. Une fois la confiance brisée, les conséquences négociées seront appliquées : « Je suis atterré que tu m'aies menti. Non seulement quelque chose de grave aurait pu t'arriver, mais tu as trahi ma confiance et elle devra être gagnée de nouveau. En me mentant, tu as choisi de ne pas sortir pendant quatre fins de semaine. Après, nous verrons si je peux toujours te faire confiance ! »

Avant d'être trop consumé par le désespoir, voici un rappel que, même si vous avez le bonheur d'avoir un adolescent difficile, provocateur et aventureux, vous êtes toujours le parent. Il est essentiel de vous rappeler qu'il n'est jamais trop tard pour affiner vos habiletés de confiance en soi. Peut-être est-il temps de rassembler les groupes d'efficacité parentale ou de former un groupe de protestation intitulé *Les parents sont des Gens aussi et ils ont des Droits*. C'est une très grave erreur de permettre à des adolescents de se sentir plus puissants que vous. Si vous sentez que vous avez perdu le contrôle, vous devez agir pour regagner votre confiance en vous.

J'ai trouvé cette citation de Henry Ford dans mon journal de 2008 : *« Que vous pensiez que vous êtes capable ou que vous pensiez que vous n'êtes pas capable, vous avez raison. »*

ILS SE SENTENT IMMORTELS

Le point principal de tous les problèmes typiques aux adolescents soulignés jusqu'ici, c'est que votre adolescent est à cette étape de sa vie où il se sent immortel et invincible. Il est alimenté par le besoin de se libérer du contrôle parental, mais il a pourtant toujours besoin de ses parents. Il est en quête d'excitation et d'acceptation par son groupe de pairs, mais cette pulsion interne a souvent raison de son sens commun et il risquerait plutôt le courroux de ses parents que le rejet de son groupe de pairs.

Les parents connaissent les dangers qui guettent au-delà de la sécurité de la famille et cela apparaît comme inutilement restrictif pour l'adolescent. Essayez de convaincre votre adolescent que les niveaux de crimes et de violence dans notre société sont trop élevés, même s'il pense que rien ne l'atteindra jamais. On passe alors des questions de confiance aux questions de pure sécurité. Il doit comprendre que vous avez besoin de savoir où il va, avec qui il est et quand il sera à la maison. Ce n'est pas parce que vous voulez agir comme un gardien de prison, mais parce que, ainsi, vous saurez où le chercher s'il n'est pas à la maison à l'heure convenue. «Je n'essaie pas de contrôler ta vie. Mais j'ai besoin de savoir: (A) avec qui tu seras, (B) où tu vas et (C) à quelle heure tu reviendras à la maison. Ce n'est pas négociable.»

Ils doivent aussi saisir que, tout au long de leur vie – même quand ils seront enfin libérés du contrôle parental –, les gens importants dans leur vie poseront les mêmes questions. Durant les séances de counselling, beaucoup d'adultes ont dit qu'ils désiraient que leur conjoint ne soit pas si paranoïaque à propos de leurs destinations et de leurs retours. Pourtant, ensuite, ils admettaient aussi: «Je pense qu'il est bon de savoir qu'il/elle se préoccupe de moi… et je ressens la même chose quand il/elle sort.»

....

RÉSUMÉ DES PROBLÈMES LES PLUS DIFFICILES

- Les travaux scolaires peuvent devenir une énorme lutte de pouvoir dès que les enfants comprennent que vous ne pouvez pas les forcer à étudier. Négociez les conséquences en fonction des preuves que le travail n'a pas été fait, puis restez fermement cohérent en ce qui a trait à l'application du choix qu'ils ont fait.
- Vous ne pouvez choisir les amis de votre adolescent, mais vous pouvez lui faire très clairement comprendre que certains comportements ne sont pas acceptables dans votre maison et que certaines choses ne sont pas négociables.
- Commencez en établissant des limites précises, fermes et cohérentes en ce qui concerne les fêtes, dormir chez un ami et les sorties au centre commercial. Ces limites peuvent être graduellement élargies à mesure que votre adolescent démontre clairement qu'il est responsable et digne de confiance.
- *Fréquenter les bars, même lors de soirée pour les moins de 18 ans, devrait être un sujet tabou sans hésitation. Poussés à le permettre «juste une fois», trop de parents ont vécu pour regretter leur moment de faiblesse. Il n'est pas facile de revenir en arrière et d'appliquer des restrictions une fois que votre adolescent a goûté à la liberté.*

Génération numérique

Cellulaire, télé, ordinateur, console de jeux et autres accessoires des adolescents

Reculons de 50 ans : imaginez que vous essayez de décrire un monde dans lequel un téléphone, assez petit pour tenir dans la paume de votre main (sans fils, ni branchement), contient aussi un appareil photo capable de transmettre les images à un ordinateur personnel, assez petit pour le poser sur vos genoux. Cet ordinateur pourrait ensuite transmettre les images à un autre ordinateur n'importe où dans le monde. Il pourrait aussi se brancher à un incroyable réseau mondial et télécharger presque toutes les informations demandées. Et ce n'est pas tout : des messages pourraient être tapés sur le clavier du téléphone et transmis à tout autre téléphone !

Dans ce monde, plutôt que de jouer durant la récréation, les enfants s'assoient avec ces petits appareils magiques branchés à des amis dans d'autres écoles et tiennent des « conversations » dans une langue étrange, abrégée. Une époque où les ordinateurs seraient aussi usités dans les maisons et les écoles que les bouilloires, les réfrigérateurs et les tableaux verts. Un monde dans lequel les gens communiqueraient quasi instantanément avec les amis et la famille partout dans le monde en tapant sur ces ordinateurs, puis en pressant simplement sur le bouton « envoyer ».

On aurait ri de la personne qui aurait décrit un tel monde et on l'aurait accusée d'avoir l'imagination trop fertile (ou de vivre sur un plateau de tournage de film de science-fiction). Pourtant, en 50 ans à peine, ce monde est devenu réalité, ainsi que tout ce qui n'aurait pas pu alors être imaginé.

DES LETTRES POSTÉES AUX COURRIELS

En 1965, j'ai vécu une année aux États-Unis comme étudiante du American Field Service. Je ne parlais à mes parents que les jours fériés et les congés, surtout à Noël et aux anniversaires. Je n'avais que 18 ans et c'était la première fois que je me retrouvais loin de chez moi plus d'une nuit ou deux. Je m'ennuyais souvent, mais il ne me venait pas à l'idée de prendre le téléphone et, chaque dimanche soir, j'écrivais ma lettre hebdomadaire à mes parents. Ma famille faisait exactement la même chose, même si les nouvelles ne nous parvenaient qu'une semaine plus tard. C'était lent et souvent frustrant, mais j'ai maintenant un «journal» de toutes ces lettres. Comme nous ne pouvions communiquer aisément, les lettres étaient descriptives, détaillées et offraient la possibilité d'épancher nos sentiments. De nos jours, les courriels sont habituellement courts, rapides, et la plupart utilisent un langage abrégé.

Il ne sert à rien que, nous, les «anciens», grincions des dents et nous lamentions : «La jeunesse d'aujourd'hui passe tout son temps à communiquer par cellulaires.» Ils sont là pour rester, comme tous les autres bidules et gadgets. Même si nous, les (plus vieux) adultes, n'y comprenons rien et, à toutes fins utiles, demeurerons des analphabètes de l'informatique le reste de notre vie, nous devons accepter la réalité du monde du microprocesseur. Je suis presque certaine que, même mon plus jeune petit-enfant de six ans, Oliver, est plus performant que moi à l'ordinateur. J'ai vécu une histoire très amusante (quoiqu'un peu gênante), qu'un de mes collègues de l'école me rappelle constamment, avec l'ordinateur. Le département d'informatique offrant une formation sur ordinateur, une collègue plus âgée (et quasi analphabète en informatique) et moi avons donc profité de l'offre. Avec patience, le professeur d'informatique nous dit de «presser le bouton droit de la souris». Comme je prenais beaucoup de notes, j'ai transcrit fidèlement la consigne puis, quand vint le temps de l'appliquer, je suis restée coincée : toutes les surfaces de la souris étaient courbes, aucune n'était droite. Je me demande si je m'en remettrai un jour.

Cet incident sert à illustrer le vaste fossé numérique qui sépare les générations. Au moins, je peux envoyer un courriel et un texto – ma mère de 82 ans et ma tante de 87 ans trouvent les micro-ondes et les cellulaires absolument déconcertants et elles refusent d'utiliser un guichet automatique. Le choc des générations n'est pas un mythe.

NOUS DEVONS ÉVOLUER AVEC NOTRE ÉPOQUE

Comme pour toutes réalités, nous devons vivre avec notre époque et composer avec ce que nous ne pouvons changer. Quand, en 1974, la télévision est arrivée en Afrique du Sud, beaucoup de parents, inquiets que leurs enfants ne deviennent des téléphages endoctrinés par les émissions américaines, ont juré qu'il n'y aurait pas de téléviseur chez eux. Je me souviens de quelques amis de notre fille aînée, dont les parents ne s'étaient pas précipités pour acheter un téléviseur, qui ne pensaient qu'à regarder la télévision chez d'autres dès que l'occasion se présentait. D'un autre côté, nous étions si excités que nous avons installé notre premier téléviseur bien avant la date de branchement et nous avons regardé la première image de contrôle pendant six mois! Une fois la programmation régulière en ondes, les amis sans téléviseurs regardaient avec ferveur tout ce qu'ils pouvaient, alors que nos enfants avaient appris à ne regarder que leurs émissions favorites, bien que, honnêtement, ils étaient beaucoup plus enclins à aller jouer dehors. La morale de cette histoire : *il ne sert à rien d'envelopper les enfants dans la ouate ou d'interdire des choses qui, tôt ou tard, deviendront certainement des causes perdues.*

La télévision, les ordinateurs, les consoles de jeux et tout appareil similaire devraient être soigneusement contrôlés et surveillés par des adultes vigilants. Comme pour tout autre chose, ces merveilleux et miraculeux produits du développement humain exigent l'établissement de limites appropriées à l'âge. Les parents de jeunes enfants m'interrogent souvent sur la durée qui devrait être allouée pour regarder la télévision à différents âges. Ma réponse toute faite est toujours quelque chose comme : ce n'est pas tant la durée exacte qui compte, mais les principes de l'enjeu. La télévision devrait être un aspect positif dans la vie d'un enfant et les parents devraient contrôler étroitement ce que les jeunes enfants regardent. Ils doivent encourager leurs enfants à choisir soigneusement, par exemple : «Tu peux regarder une émission les jours de semaine, à condition que ce soit avant 19 heures. Donc, faisons une liste pour cette semaine.»

ET L'INFLUENCE NÉGATIVE ?

Il ne fait aucun doute que l'usage excessif de la technologie exerce une énorme influence négative. Les ergothérapeutes, les physiothérapeutes, les professeurs spécialisés en rattrapage et les psychopédagogues – pour ne nommer que quelques-uns des professionnels concernés – sont persuadés que l'augmentation des cas de faible tonicité musculaire, d'hyperactivité et de manque de concentration peut être attribuée souvent à la quantité de temps passée par le jeune enfant devant un écran. Il y a aussi des liens entre, d'une part, regarder des émissions violentes ou jouer à des jeux d'ordinateur ou de consoles tout à fait inappropriés et, d'autre part, la violence et le crime chez les enfants.

Cependant, il ne s'agit pas ici d'une thèse sur les dangers de la technologie. C'est un rappel aux parents d'établir des limites fermes et appropriées, afin que les nombreux avantages de l'époque dans laquelle nous vivons soient renforcés. Peu de gens veulent retourner à l'époque des communications lentes. Après tout, que ferions-nous si l'électricité manquait la nuit ou si on essayait de retrouver un ami dans un lieu bondé?

Pour ce qui est des adolescents, le travail devrait être beaucoup plus facile si vous avez établi des limites claires durant les premières années. Toutefois, comme pour tout problème de l'adolescence déjà évoqué, même le préadolescent le plus aimable peut devenir rebelle et obstiné quand il atteint la «terrible» adolescence.

BRÈVES DIRECTIVES POUR LES PARENTS

Cellulaires

Les cellulaires sont nécessaires pour la sécurité et pour garder un contact étroit avec les autres mais, même reçu en cadeau, le cellulaire ne donne pas «le droit» à l'adolescent de l'utiliser selon ses désirs. Même un cadeau peut être assujetti à certaines conditions. Ici, utiliser toutes les habiletés d'établissement des limites mentionnées précédemment est nécessaire, donc soyez clair: «Je te donnerai mon cellulaire maintenant que j'en ai un plus performant, mais nous devons passer un accord. Je t'offrirai un crédit de temps par mois, mais tout surplus sera déduit de ton allocation. Tu me le confieras durant ta période d'étude et, si je découvre que tu télécharges du matériel inacceptable ou que tu utilises un langage inconvenant à l'appareil, il sera confisqué. Je me réserve aussi le droit de vérifier son historique de temps à autre si je pense qu'il est mal utilisé. Sommes-nous d'accord?» Si vous avez accordé trop de liberté et que vous soupçonnez que le téléphone est mal utilisé, c'est votre droit le plus strict de renégocier les termes de l'entente avec votre adolescent(e). Même s'il/elle utilise son propre argent pour acheter un cellulaire, vous êtes toujours légalement responsable jusqu'à ce qu'il/elle ait 18 ans et, par conséquent, vous avez le droit de contrôler toute situation potentiellement préjudiciable.

MAIS JE DOIS RESPECTER SA VIE PRIVÉE

J'ai été alarmée d'entendre des parents de préadolescents – en sixième année et en première secondaire – être réticents à « envahir la vie privée de leur enfant », même après avoir découvert des images ou des messages très dérangeants sur leur téléphone. On m'a récemment avertie que des filles de cinquième année utilisaient leurs cellulaires à la récréation pour faire « des appels à caractère sexuel » à des garçons d'une école voisine. Apparemment, ça fonctionnait ainsi : elle tape « Je vais dézipper ton pantalon »; il répond : « Qu'est-ce que tu feras ensuite ? »; elle lui dit (de façon très descriptive) ce qu'elle fera ensuite ! Et rappelez-vous que, en général, ces enfants n'ont que 11 ans en 5e année. Malheureusement, l'anonymat rend les choses si faciles, mais cela peut avoir des conséquences très fâcheuses et incriminantes.

Il est toujours préférable d'opérer à l'intérieur des limites de la confiance et du respect mutuel et beaucoup d'adolescents ne donnent aucun motif d'inquiétude à leurs parents. Nous devons aussi nous rappeler qu'une certaine dose d'essai et d'excitation est très normale et que nous ne pouvons contrôler chacun de leurs mouvements. Toutefois, fixez toujours des limites claires, fermes et sans ambiguïté. Elles peuvent être déplacées facilement quand l'adolescent devient plus responsable. Assurez-vous d'avoir défini clairement les conséquences si on enfreint les règles. Les cellulaires peuvent devenir des « outils de négociation » très puissants, car ils sont quasi indispensables à la culture adolescente. Néanmoins, rappelez-vous toujours la règle d'or de la discipline efficace : l'adolescent doit avoir eu l'occasion de choisir… avant que le téléphone ne lui soit arbitrairement retiré.

INTIMIDATION AU CELLULAIRE

Un autre usage abusif des cellulaires (et des ordinateurs) est la tendance chez les préadolescents et les adolescents de les utiliser pour intimider et faire du chantage. Par exemple, une adolescente prend la photo au cellulaire d'une amie en train de se changer, puis menace de transmettre sa photo les seins nus à tous les inscrits de sa boîte aux lettres électronique à moins qu'elle n'obtienne ce qu'elle désire. Des textos méchants sont envoyés à d'autres enfants et des vidéos de séances d'intimidation réelles sont enregistrées sur cellulaires et transmises de la même façon.

Cellulaires et manières/attitudes

Dans le bon vieux temps, les habitudes de se lever quand un adulte entrait dans la pièce, remercier les gens, offrir son aide, se regarder dans les yeux et ainsi de suite étaient des façons de socialiser les enfants. Aujourd'hui, elles s'appliquent toujours, mais il faut ajouter désormais à cette liste l'usage réfléchi et poli du cellulaire. Et, pour ce faire, nous devons être des modèles positifs en évitant ce qui suit.

- Répondre au téléphone d'une voix forte au restaurant (ou dans tout autre lieu public). Pourquoi autant de gens crient-ils au cellulaire?
- Parler au volant sans utiliser un dispositif mains-libres.
- S'asseoir et texter durant un repas ou une rencontre sociale.
- Se hâter de répondre au téléphone au milieu d'une conversation, puis ne pas revenir ensuite dans la conversation.
- Il est inacceptable de s'asseoir, les doigts tapant furieusement des textos à des amis, durant une rencontre familiale.
- Il n'est pas correct de trépigner pour prendre des appels ou envoyer et recevoir des textos.
- Tout comme il n'est pas correct d'envoyer des textos durant la nuit.
- Ou de parler fort et agressivement quand des gens à proximité tentent de converser.

La plupart des écoles ont des politiques très sévères en ce qui concerne les cellulaires, jusqu'à et incluant l'année terminale du secondaire… et les parents doivent faire de même. Dans les écoles, on a aussi remarqué une diminution des compétences en écriture et en orthographe chez les enfants, car ceux-ci utilisent des abréviations de textos dans leurs travaux scolaires.

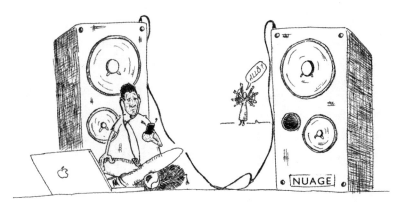

L'USAGE DU CELLULAIRE LA NUIT
EST MAUVAIS POUR LES ADOLESCENTS
Par Clayton Barnes

Parents exhortés à vérifier les causes de l'épuisement et du manque de concentration à l'école

« *Passer des heures à s'envoyer des courriels ou à clavarder avec des amis après l'heure du coucher est un problème grave et laisse les adolescents apathiques et exténués, selon une nouvelle recherche. L'étude parue dans le numéro mensuel de* Sleep *démontre que l'usage du cellulaire après l'heure du coucher contribue à des troubles du sommeil qui résultent souvent en fatigue matinale.*

L'étude belge a révélé que l'usage excessif du cellulaire après l'heure du coucher était fréquent chez les adolescents et relié à des niveaux de fatigue plus élevés qui peuvent se manifester jusqu'à un an plus tard. Les directions d'école locales et un spécialiste du bien-être de l'enfant ont dit n'être pas étonnés des résultats, car ils avaient déjà décelé le problème. Conduite par le Dr Jan van den Bulk de la Louvain School for Mass Communication en Belgique, l'étude menée dans 1 656 écoles du pays incluait des élèves dont l'âge moyen se situait entre 13 ans pour le groupe le plus jeune et 17 ans pour le groupe le plus vieux.

Les résultats démontraient que seulement 38 % des sujets n'avaient jamais utilisé leur cellulaire après l'heure du coucher mais, en général, 35 % des cas très fatigués étaient attribués à l'usage du cellulaire. Ceux qui utilisaient le cellulaire moins d'une fois par mois augmentaient leurs chances d'être très fatigués jusqu'à un an plus tard. Et ceux qui utilisaient le cellulaire une fois par semaine avaient trois fois plus de chances d'être fatigués, tandis que ceux qui l'utilisaient plus d'une fois par semaine multipliaient la probabilité par cinq.

L'usage du cellulaire tout de suite après le coucher multipliait par deux les chances d'être très fatigué. Entre minuit et trois heures du matin, les chances étaient quatre fois plus élevées. Dans l'article, van den Bulk disaient: "Les parents s'inquiètent des dangers de l'usage des médias quand ils pensent au temps que les enfants passent à regarder la télévision, écouter de la musique ou à naviguer sur le Net. Le cellulaire, d'un autre côté, est habituellement perçu comme un simple appareil de communication utile dans les situations d'urgence. Cette étude démontre que les parents devraient être conscients du fait que les jeunes gens d'aujourd'hui utilisent les moyens modernes de communication d'une façon qu'ils ne peuvent probablement pas imaginer. Communiquer et rester en contact est important pour les jeunes gens et ils disposent désormais de la technologie pour rester branchés de façon plus ou moins permanente. Avoir un cellulaire dans sa chambre n'est pas banal. Les enfants passent beaucoup de temps à se connecter et certains le font à toute heure de la nuit." Rikki Fransman, directrice de la Childline, au Cap-Occidental, a déclaré que les résultats de l'étude ne la surprenaient pas. Selon elle, un grand nombre d'enfants sont dépendants des cellulaires et du clavardage et passent des heures sur des aires de bavardage jusque tard dans la nuit.

"Le clavardage est une forme de communication peu coûteuse et accessible. Il est séduisant pour les adolescents parce que c'est un moyen anonyme de bavarder et rencontrer des gens. Les enfants sont captivés par cela, car ils peuvent endosser une autre personnalité et que le clavardage dans un univers imaginaire devient une échappée", a ajouté Fransman. Elle a dit aussi qu'il était irréaliste de bannir l'usage du cellulaire la nuit, mais elle encourageait les parents à fixer des limites strictes. Comme parents, il serait bon de s'enregistrer auprès du site de clavardage et, ainsi, contrôler quand les enfants sont en ligne. Le manque de sommeil n'affecte pas que le travail scolaire; il affecte aussi la concentration, l'humeur, le jugement et les relations.

(Extrait de *Weekend Argus*)

Télés, ordinateurs et Internet

- Regarder la télévision est habituellement plus facile à contrôler que l'usage du cellulaire. Cela dit, une fois de plus, l'implication parentale est essentielle. Gardez des limites fermes et encouragez vos adolescents à choisir des émissions que vous contrôlez.

- Évitez de permettre les téléviseurs dans les chambres aussi longtemps que possible.

- De nombreuses émissions inappropriées et inadaptées à l'âge sont présentées aux heures d'écoute soi-disant familiales. Une fois que des émissions inappropriées ont été vues, les images et impressions ne peuvent être éradiquées.

- Inculquez à vos adolescents, au moment où et comme vous le pouvez, qu'ils doivent utiliser leur propre initiative et montrer qu'ils sont de plus en plus aptes à pratiquer l'autodiscipline.

- Évidemment, vous ne pouvez les contrôler 24/7. Ils peuvent aussi être influencés par les pairs, surtout si les parents de leurs amis ne fixent pas les mêmes limites sécuritaires que vous.

- Néanmoins, encouragez l'ouverture et l'honnêteté. Rappelez-vous de ne pas réagir avec excès si votre adolescent arrive à la maison et admet avoir regardé une émission que vous désapprouvez. Votre réaction est très importante car elle déterminera si, à l'avenir, il sera franc ou non avec vous.

- Utilisez plutôt l'occasion pour garder vos lignes de communication aussi ouvertes que possible. Si votre adolescent a été affecté négativement par ce qu'il a vu, il est grandement préférable qu'il exprime ses sentiments et apprenne de l'incident.

- Toutefois, si, en toute connaissance de cause, votre adolescent enfreint les règles et trahit votre confiance, il devrait alors être très conscient d'avoir choisi la conséquence convenue antérieurement. « Je suis très déçu que Paul et toi ayez regardé le film de fin de soirée inapproprié à votre âge alors que nous étions sortis. Il semble que vous ayez choisi de ne regarder aucune de vos émissions favorites de la semaine. »

- Tel que mentionné dans le chapitre qui traite des travaux scolaires, regarder la télévision peut devenir un instrument puissant si on l'utilise comme choix fait par l'adolescent quand il s'applique dans ses études.

- Une fois de plus, les parents sont de puissants modèles. Montrez à vos enfants que vous pouvez choisir de façon sélective, éteindre le téléviseur durant les repas et quand la conversation est importante. Insistez pour éteindre l'appareil quand vous lisez ou écoutez de la musique afin que le plaisir d'être ensemble devienne une habitude.

Consoles de jeux

Les parents doivent s'assurer que des limites sont fixées sur la durée consacrée à ces passe-temps très passifs et solitaires que sont les consoles de jeux. Tandis que beaucoup de jeux d'ordinateurs, de téléviseurs et de consoles sont excellents pour la coordination œil-main et peuvent enseigner aux enfants et aux adolescents beaucoup d'informations utiles, il existe aussi une pléthore de jeux violents qui n'inculquent pas le genre de valeurs que nous devrions encourager. Assurez-vous que des limites sont fixées sur la durée consacrée à ces loisirs électroniques aussi longtemps que possible, parce qu'on s'inquiète sérieusement des enfants et adolescents de tempérament introverti qui deviennent obsédés par ce mode de communication. Ils se coupent de plus en plus des vrais gens et des relations interpersonnelles signifiantes. Même quand les jeux exigent deux joueurs, le contact visuel se fait avec l'écran et la communication par les personnages du jeu. Tout compte fait, ce n'est pas un moyen très utile pour développer des compétences pratiques et des modes de vie sains.

Ces jeux peuvent entraîner une très grande dépendance. Durant des séances de counselling conjugal, les problèmes causés par la dépendance adulte à ces jeux ont été abordés avec beaucoup d'émotion par des partenaires très bouleversés. *Aidez vos adolescents à conserver un équilibre sain, ou à regagner leur équilibre s'ils l'ont perdu.*

Ordinateurs et Internet

Nous faisons face ici à un énorme dilemme. L'utilisation de l'ordinateur est indispensable à la vie du XXIe siècle. On l'enseigne à l'école dès la première année du primaire… et, désormais, des séries d'encyclopédies et de livres de géographie s'empoussièrent discrètement sur les étagères, car les enfants utilisent avec confiance Internet. Ils peuvent utiliser Google ou Wikipedia pour trouver toute information nécessaire à un projet et, maintenant, même les cellulaires peuvent donner accès à Internet. Tandis que je mangeais au restaurant dernièrement et que je débattais d'un problème, notre fils de 22 ans a brusquement sorti son cellulaire, pressé quelques boutons et, miracle absolu, notre réponse était là. Les gens se connectent avec des amis perdus depuis longtemps partout dans le monde grâce à Facebook et des sites similaires et la technologie se sera probablement développée de façon encore plus incroyable quand ce livre sera publié. Les moteurs de recherche Internet, comme Google, nous mettent en contact avec l'information à une vitesse incroyable, mais ici les parents doivent être vigilants. Une de nos filles, à la recherche d'une chanson particulière, avait tapé le mot « Desiree » et elle a été assaillie par une liste de sites porno, commençant tous avec le mot « désir ». La vérité est que les adolescents peuvent se connecter et avoir accès immédiatement à autant d'informations inappropriées qu'ils le veulent. Les parents doivent garder les règles sur l'usage de l'ordinateur aussi fermes et claires que possible et surveiller de près les fins auxquelles leurs adolescents utilisent les ordinateurs.

Gardez une longueur d'avance

Quelle tristesse que, à tous ces aspects positifs, il y ait des aspects négatifs pour gâter la sauce. Toutefois, les aspects négatifs abondent et Internet est aussi un aimant pour la pornographie, la pédophilie, le chantage et le crime. Une fois de plus, le seul antidote à ces possibilités très inquiétantes s'avère des limites très claires et très fermes. Comme parents, vous devez garder une longueur d'avance en vous assurant que certains sites Web sont bloqués. Sans cesse, vous devrez aussi contrôler, surveiller et superviser l'usage de l'ordinateur. Quand vos enfants/adolescents se connectent à l'ordinateur, soyez présents et dites clairement qu'il y aura des conséquences graves pour abus de privilège.

À mesure que vos adolescents se développeront au-delà de votre sphère d'influence, ils trouveront des moyens d'outrepasser vos restrictions et d'enfreindre les règles. Alors, espérons-le, ils seront assez responsables pour utiliser positivement leur ordinateur. N'oubliez pas que vous avez le droit de vous attendre à ce qu'ils respectent vos règles alors qu'ils sont légalement sous votre responsabilité et vivent sous votre toit. Par exemple : « Il est absolument inacceptable de visiter des sites porno dans cette maison. Tu sais que nous n'approuvons pas, surtout que ta sœur de 14 ans et ses amies auraient pu facilement entrer et voir ce que tu regardais. Nous t'avons demandé poliment et peu m'importe que tu aies presque 18 ans… Non, c'est non. Je bloque l'usage de ton ordinateur durant une semaine. »

AIRES DE BAVARDAGE

Envoyer des courriels est une méthode pratique de sauver du temps que les adolescents adorent. Ils adorent aussi aller sur des «aires de bavardage» (clavardoirs, salons ou sites de clavardage, etc.) où ils peuvent se lier à des gens de partout dans le monde. Une fois de plus, les parents doivent faire montre de beaucoup de prudence surtout avec leurs jeunes adolescents. Vous ne voulez pas réagir de façon excessive, mais les médias ont fait état de beaucoup de conséquences tragiques pour des adolescents étant entrés en contact avec des prédateurs pathologiques répugnants qui utilisent ces aires de bavardage pour rencontrer d'innocents enfants. Les parents devraient être particulièrement vigilants dans le cas d'adolescents solitaires, qui ont une piètre estime de soi et une relation parent-enfant négative. Ces adolescents sont très vulnérables aux promesses et attentions d'adultes dysfonctionnels qui utilisent la disponibilité d'Internet pour attirer des adolescents démunis dans leurs griffes.

Beaucoup d'écoles (même de niveau primaire) ont dû appliquer des restrictions sur les courriels quand on a découvert que des élèves de sixième année envoyaient des courriels à des ami(e)s d'autres écoles avec des messages sexuels explicites; les parents doivent donc exercer la même vigilance.

Il est merveilleux d'avoir confiance en ses adolescents mais, une fois qu'ils ont perdu votre confiance, ils doivent apprendre des conséquences de leurs choix avant de pouvoir la regagner.

ADDENDA À CETTE DISCUSSION

Il est toujours nécessaire que les parents/enseignants aient une longueur d'avance et offrent la fermeté de limites claires, mais nous avons aussi besoin de maintenir un certain degré de souplesse envers nos adolescents à mesure qu'ils croissent en indépendance. Nous ne pouvons pas les restreindre avec excès. Depuis des temps immémoriaux, les années d'adolescence ont été une étape d'expérimentation, de séparation et de déplacement des limites. Il y a eu peu de changement, sinon que le stade de l'adolescence est maintenant plus long. Il commence plus jeune et dure plus longtemps à cause de la dépendance financière. La révolution informatique exerce une énorme pression sur les adolescents et, peu importe la fermeté des règles et des limites mises en place, il est inévitable que les adolescents goûtent au «fruit défendu» hors du foyer, encouragés en cela par des amis dont les parents peuvent être moins protecteurs/consciencieux, ses frères ou sœurs plus âgés et, souvent même, d'autres adultes. Les possibilités d'influences extérieures pouvant exercer une pression sur votre enfant sont infinies. Autrefois, on cachait les magazines « érotiques », mais il est maintenant beaucoup plus facile de s'éduquer sexuellement *grâce à* Internet.

Je reviens au début de notre périple vers le haut de l'échelle du parentage efficace : le plus important facteur de la traversée positive des mers houleuses de l'adolescence, c'est la qualité de la communication parent-enfant. En retour, cela détermine tout le climat de la relation.

....

RÉSUMÉ

Nous ne pouvons pas remonter dans le temps, ni nous ne le voudrions. L'ère numérique est là pour rester… ou, du moins, jusqu'à ce que le cerveau humain invente une technologie encore plus incroyable. Donc, la meilleure solution pour les parents d'adolescents consiste à essayer de conserver une longueur d'avance et, à tout le moins, de s'armer d'une information de base.

Points essentiels pour les parents
• Établissez des limites claires et fermes pour l'usage de l'écran et du cellulaire.
• Quand l'adolescent reçoit ces gadgets (que ce soit l'usage de l'ordinateur, un nouveau cellulaire, une console de jeux), négociez les termes de l'entente et, en même temps, les conséquences s'il choisit de rompre l'entente.
• Quand la confiance est perdue à cause d'un abus de privilèges, l'adolescent doit apprendre que la confiance doit être regagnée. Ce qui signifie que l'intimité pourrait devenir un enjeu et que vous aurez tous les droits — en fait, vous en avez la responsabilité — pour procéder à des contrôles ponctuels sur la façon dont l'adolescent respecte les règles.
• Le temps devant la télévision doit être négocié et l'adolescent devrait être aidé pour choisir sagement des émissions, tout en prenant en considération d'autres responsabilités (comme les travaux scolaires).

- Les appareils numériques sont quasi indispensables à la plupart des adolescents et, de ce fait, ils peuvent être utilisés comme puissants « outils de négociation » quand vous négociez les limites et que vous les informez des conséquences de leurs choix s'ils enfreignent les règles.

- Rappel – Ne retirez jamais arbitrairement ces privilèges. L'adolescent devrait toujours avoir été informé, au début du processus disciplinaire, de ce que sera la conséquence de non-conformité. C'est l'enjeu crucial de votre capacité à appliquer une discipline efficace et non punitive.

Sexualité adolescente

La poussée hormonale et tous les autres problèmes connexes

> *« Les enfants s'engagent dans des activités sexuelles alors qu'ils ne sont pas équipés émotionnellement pour gérer une relation. Beaucoup ne veulent pas nécessairement une relation ou du sexe : ils cherchent l'affirmation de soi, l'acceptation par leurs pairs et un sentiment de valorisation. Ironiquement, plus ils cherchent cela dans la sexualité sans amour, moins ils ont de chance de jamais le trouver. »*
>
> (« Sex and your Child : The New Rules », *Femina*, novembre 2001)

La question relative à ce que « les bébés ne naissent pas dans les choux » a toujours fait hésiter même les parents les plus détendus et libérés ! Les parents tirent à la courte paille pour choisir qui assumera la tâche. « Je l'ai dit à Sophie, maintenant c'est à toi d'en parler à David » est le type d'échange qu'une mère inquiète peut avoir avec son mari.

Nous sommes tous des êtres sexués de naissance. Dès le début, bébés et tout-petits éprouvent diverses sensations quand ils touchent leurs orteils, leurs doigts ou leurs organes génitaux. L'éducation sexuelle doit être un processus continu et franc intégré à la relation parent-enfant. Les parents ne peuvent plus s'en tirer avec une unique conversation sur « les bébés (qui) ne naissent pas dans les choux ». La clé, c'est de répondre à leurs questions avec franchise et honnêteté en fonction de leur âge. Votre réponse, « Tu as glissé sur un arc-en-ciel depuis une étoile jusqu'à nous », à la question, « D'où je viens ? », peut s'avérer une jolie explication innocente pour un enfant de trois ans. Toutefois, bientôt, ce tout-petit de trois ans en aura six et ses amis lui fourniront avec bonheur une explication plus près de la vérité (qui ne correspondra probablement pas à ce que vous lui auriez dit concernant sa conception). Le problème alors sera que cela ne l'incitera pas à vous questionner de nouveau, parce qu'il n'aura pas confiance que vous lui direz la vérité.

COMMENCEZ TÔT… ET GARDEZ VOS OPINIONS NÉGATIVES POUR VOUS

La révolution numérique (accompagnée en cela par l'accent endémique et envahissant mis par les médias sur le sexe et la sexualité) implique que les enfants doivent recevoir une information exacte dès leur jeune âge. Mon mantra souvent réitéré, « Le meilleur moyen de rester lié aux enfants et aux adolescents passe par une relation parent-enfant ouverte et positive », est d'une importance capitale pour cet aspect délicat du parentage efficace. Saisissez les occasions pour avoir des discussions franches et animées entourant tout problème qui surgit, lors desquelles les opinions peuvent être partagées et des conseils judicieux peuvent être donnés. Une préadolescente peut soudain émettre un commentaire, comme : « Qu'est-ce que tu ferais si j'étais enceinte ? Me laisserais-tu me faire avorter ? » Si votre réaction en est une d'horreur, « N'y pense même pas : tu sais que l'avortement est un meurtre ! », il est probable que votre adolescente ne discutera plus jamais avec vous de rien qui soit le moindrement controversé. Il vaut beaucoup mieux réagir avec calme (n'oubliez pas le « bouton pause »), garder vos opinions négatives pour vous-même et dire quelque chose qui soit plus ouvert, comme : « C'est le genre de chose qui est toujours inquiétant, mais j'espère que tu te sentiras assez en confiance pour m'en parler avant de prendre une décision précipitée. » Il y a de bonnes chances que, désormais, votre adolescente sera plus disposée à apprécier toute future discussion de ce genre avec vous.

Une mise en garde s'impose toutefois. Beaucoup de parents, tout particulièrement des mères, ont déclaré (non sans une certaine suffisance) : « Je suis si chanceuse : ma fille me dit tout. Elle est rentrée à la maison et m'a confié qu'elle avait eu sa première relation sexuelle. » C'est excellent d'avoir des rapports ouverts, mais il y a des limites naturelles et la plupart des parents ne veulent pas vraiment que la communication soit franche et honnête à ce point (et la plupart des adolescents ne veulent pas vraiment leurs parents comme copains et camarades).

LIGNES DIRECTRICES DE BASE CONCERNANT LES ADOLESCENTS ET LE SEXE

- *Soyez réalistes.* Acceptez que votre mignon petit bébé a grandi et qu'il devient vite un adulte tout à fait développé ayant toutes les pulsions et désirs sexuels correspondants. En cette ère de bombardement sexuel, il est hautement improbable que votre enfant sera toujours vierge lors de sa nuit de noces. Excusez ma franchise, mais c'est un fait.
- *Gardez les lignes de communication ouvertes,* afin que votre adolescent sache qu'il existe un « abri sûr » : un lieu où il peut mettre à l'épreuve ses opinions, exprimer ses préoccupations, poser des questions et obtenir des réponses honnêtes.
- *Donnez de l'information.* Certains enfants ne posant pas les questions habituelles sur le sexe, assurez-vous qu'ils ont l'information appropriée. Dans le « bon vieux temps », on estimait que, par une sorte de retour des choses, fournir les faits purs et durs sur le sexe encourageait l'enfant à s'adonner à des mœurs légères. Le dicton selon lequel l'ignorance est une bénédiction ne devrait jamais s'appliquer au sexe, car c'est un domaine où l'ignorance peut gâcher de jeunes vies sans raison. Il est recommandé de leur procurer un livre instructif sur la sexualité adolescente, surtout aux adolescents timides, qui sont très peu enclins à poser les questions pour lesquelles ils ont besoin de réponses. Toutefois, le livre devrait être perçu comme une ressource additionnelle et non comme un substitut à la communication ouverte qui accompagne une relation parent-enfant positive.
- *Adoptez une attitude positive.* Le sexe est un aspect intrinsèque de la nature humaine. Autrefois, les menstruations étaient qualifiées de « malédiction » et on disait aux garçons qu'ils deviendraient aveugles

(ou que leur pénis tomberait) s'ils « jouaient avec leur corps ». Il n'est pas étonnant que tant d'adultes aient des visions faussées concernant la sexualité. Il est réconfortant d'entendre que beaucoup de mères et de filles sortent et célèbrent les premières menstruations comme le début de la féminité. En outre, la plupart des parents de nos jours savent que la masturbation est un exutoire normal et sain des pulsions sexuelles.

• *Respectez l'intimité.* Les adolescents ont droit à leur intimité, tout comme leurs parents. Une éthique de respect mutuel inculquera des sentiments d'acceptation et un lieu émotionnel sûr chez votre adolescent. Frappez à leur porte (de chambre) et attendez d'y être invité. Par exemple, prévenez-les de l'inspection de leur chambre : « Je devrai passer l'aspirateur et épousseter ta chambre mercredi après-midi. » Votre fils de 16 ans a peut-être une pile de magazines que vous n'approuvez pas. Restez cool et n'oubliez pas que tout cela relève d'une curiosité normale et de l'exploration sexuelle. Dites-lui plutôt, s'il insiste pour les conserver, qu'il a intérêt à les garder là où sa sœur de 12 ans ne pourra mettre la main dessus. Crier, s'indigner et les interdire ne mèneront qu'à un comportement subversif et il les lira tout simplement ailleurs. Évidemment, comme pour le reste, il y a des limites. Vous êtes tout à fait dans votre droit de bannir la pornographie de votre domicile et de vérifier si vous pensez qu'on a désobéi à votre règle. Rappelez-vous que vous avez tout à fait droit à vos valeurs, même si vous acceptez le fait que les adolescents sont en train de développer leur propre choix de valeurs.

DES LIMITES SONT NÉCESSAIRES

Adopter une attitude réaliste, accepter leur besoin d'explorer la sexualité et d'en faire l'expérience, fournir de l'information adéquate… tous ces aspects d'un sain développement sexuel chez les adolescents doivent s'exercer dans le cadre de limites. Les adolescents sont une masse d'hormones en ébullition et cela peut entraîner un piètre jugement et l'incapacité de prévoir les conséquences de décisions prises « sous le coup des hormones ». Ainsi, tout en acceptant que les adolescents ont besoin de se rebeller et de repousser les limites, comme pour tout autre enjeu, les parents doivent fixer des paramètres fermes en ce qui concerne le sexe.

Négocier des couvre-feux, vérifier la supervision, les destinations des sorties et les horaires, être en communication et maintenir une certaine connectivité, tout cela aidera grandement quand il est question de fournir des limites sécuritaires à l'intérieur desquelles votre adolescent(e) fera l'expérience du développement sain de son identité sexuelle.

LE SEXE FAIT VENDRE

Comme parents, nous ne saurions tout bonnement faire la sourde oreille. Les petites filles deviennent sexualisées à un âge de plus en plus tendre – il suffit de jeter un œil du côté des fillettes mannequins. Les jeunes adolescents voient aussi leur idoles et pop stars adolescentes se trémousser de façon suggestive et porter des vêtements très révélateurs. Ils enregistrent que le sexe fait vendre des choses : des autos, de l'alcool, des cellulaires, tout. Dans les émissions de télévision qu'ils regardent, avoir une relation sexuelle lors du premier rendez-vous est cool et l'infidélité, l'échange de partenaires et autres comportements du genre paraissent normaux. Il n'est pas surprenant qu'ils intériorisent l'information reçue et concluent qu'il faut avoir des relations sexuelles pour être populaire, avoir du succès ou être admiré. Il est urgent de contrebalancer cela avec des limites sécuritaires, fermes et ouvertement négociées.

Au fil des ans, j'ai donné des conférences sur la sexualité de l'enfance et de l'adolescence aux parents et aux enfants. J'ai observé que les interrogations des 12 à 14 ans se sont développées selon une tendance précise, qui souligne les façons très différentes des filles et des garçons de poser des questions sur le sexe. Dans l'ensemble, les filles posent des questions sur les moyens de faire durer une relation amoureuse. Elles sont plus préoccupées par le volet de l'amitié et des sentiments d'être aimées et admirées, tandis que la plupart des garçons posent des questions centrées sur la mécanique «de la chose». Quand j'ai révélé cela récemment lors d'une discussion avec des parents, le rire fut généralisé, émaillé de commentaires, comme «Alors, ils commencent plus jeunes, mais rien n'a changé». Je mentionne cela parce qu'il y a tant de peines de cœur quand les filles encouragent le rapprochement, voulant se sentir aimées et admirées, alors que les gars ne veulent que le sexe. Ensuite, les filles regrettent ce qui est arrivé, surtout si elles sont «rejetées» et vite affublées d'une réputation de «filles faciles» ou de «putes».

JE PENSAIS QU'IL M'AIMAIT

J'ai conseillé beaucoup d'adolescentes dévastées qui partageaient des sentiments semblables à ce qui suit : « Je pensais qu'il m'aimait vraiment. Nous nous entendions si bien, nous partagions tout. Nous avons eu quelques relations sexuelles. Maintenant, il l'a révélé à toute l'école et tout le monde pense que je suis une fille facile. » Une autre fille fut anéantie quand elle entendit des garçons blaguer à son sujet : « Elle est comme un vélo, tout le monde peut la monter. » Ces incidents sont dévastateurs pour la fragile estime de soi adolescente.

Les enseignants et les conseillers des écoles secondaires parlent des filles qui cherchent de l'aide au retour d'une fin de semaine, quand elles sont en quête désespérément de la « pilule du lendemain ». Elles ont eu une relation sexuelle non protégée à l'occasion d'une fête et sont terrifiées. Parfois, il faut aussi un ou des tests anti-ITS (nous reviendrons plus loin sur le sexe, l'alcool et les ITS). J'ai été impliquée dans des cas où des filles, pétrifiées à l'idée de la réaction parentale parce qu'elles avaient bu trop d'alcool lors d'une fête et avaient consenti à des relations sexuelles (parce que leurs réactions et leurs inhibitions étaient affectées par l'alcool), avaient accusé leurs partenaires sexuels de viol. Cela se produit parce qu'elles craignent une infection à une ITS ou, pire, au VIH, et qu'elles ignorent comment le dire à leurs parents. Certaines subissent même des tests en secret et vivent une terreur solitaire dans l'attente des résultats. Des filles aussi jeunes que 14 ans se font avorter, parce qu'elles ne révèlent pas à leurs parents qu'elles sont enceintes.

CRÉEZ UN ENCADREMENT « SÛR »

Comme je l'ai mentionné dans mon Introduction, ce livre est d'abord préventif et, de ce fait, il ne traite pas en profondeur des problèmes plus graves de l'adolescence. Qu'il suffise de dire que, à ce stade, les adolescents ont désespérément besoin de la fermeté et de la cohérence de limites justes et claires, et que je réitère ce que j'ai écrit plus tôt à l'effet que les adolescents ont besoin de limites et de règles qu'ils testeront et voudront repousser. La capacité de parents aptes à procurer un « cadre » physique et émotionnel sécuritaire pour leurs adolescents fera beaucoup pour prévenir les tragédies dont on est témoin quotidiennement, quand on leur accorde trop de liberté trop vite. Tout particulièrement à cette période de leur développement évolutif, alors que les hormones changent, la pression des pairs et tout simplement le besoin de manifester leur indépendance vis-à-vis de leurs parents les poussent à courir des risques et à faire fi de leur bon jugement.

Il est primordial que le filet de l'éducation et de la guidance tenant ensemble les autres aspects de l'information sexuelle souligne aussi l'importance de la relation entre les partenaires. Il est très facile pour des adolescents, poussés prématurément à avoir des relations sexuelles avec quelqu'un avec qui ils n'ont pas un rapport mature et engagé, d'être émotionnellement dévastés quand on les laisse tomber comme une patate trop chaude, une fois que leur « partenaire » décide de continuer son chemin… laissant l'adolescent en détresse, anéanti et avec le sentiment d'avoir été utilisé.

Rappel – *Les adolescents ont besoin de blâmer des parents compétents quand ils doivent refuser l'influence et la pression des pairs.*

Quoique le sexe, et la sexualité, devrait être un aspect normal, naturel de l'être humain, il existe aussi des conséquences graves, négatives. Suit un bref survol de certaines conséquences graves d'un comportement sexuel risqué.

Grossesse

Aussi grave qu'elle soit, évidemment, au moins la grossesse ne met pas la vie en péril (à moins que le père ne soit porteur d'une infection mortelle si elle n'est pas traitée). Les adolescentes ayant des relations positives avec leurs parents et de bons réseaux de soutien sont très fortunées. Les enjeux essentiels sont les suivants.

• Donnez une information appropriée le plus tôt possible.

• Si vous soupçonnez votre adolescent de devenir sexuellement actif, abordez le sujet de la contraception, surtout s'il ne vous interroge pas à ce sujet. Assurez-vous qu'ils savent quoi faire et où aller. Les parents doivent faire preuve de beaucoup d'équilibre en fournissant l'information, tout en évitant de s'imposer de façon excessive et de contrôler: « Benoît et toi semblez passer beaucoup de temps ensemble. N'oublie pas que, si tu as besoin d'aide ou de conseils pour assurer ta sécurité sexuelle, tu peux me le demander ou aller à la clinique et t'informer à la conseillère sur place.» Ensuite, donnez-lui le numéro de téléphone et l'adresse.

Évidemment, ce n'est pas le moment de laisser tomber les règles et limites, mais ce pourrait être vital pour les futures prises de décisions. Beaucoup de parents ont conclu aussitôt que cela pouvait être équivalent à donner carte blanche aux adolescents pour qu'ils agissent comme des adultes, mais ce n'est pas le cas. Toutes les limites normales sont mises en place mais, quand un parent se rend compte qu'un adolescent plus âgé prend une relation très au sérieux, il est sage alors de s'assurer que l'information adéquate a été transmise.

Pour le cas traumatisant où votre fille vous confie qu'elle est enceinte…

- Essayez de vous rappeler de l'importance de votre réaction si vous espérez que les voies de communication restent ouvertes, maximisant ainsi les chances de rester liés positivement.

- Exprimez vos sentiments en langage au Je. Vous avez droit à vos réactions, mais tentez d'éviter les « péchés de la mauvaise communication », trop de questions et le langage au Tu.

- Demandez une aide professionnelle dès que possible. Assurez-vous que votre fille et vous explorez toutes les options. Bien sûr, vous devrez d'abord gérer votre choc initial et l'aider à se sentir soutenue et acceptée.

Les options disponibles comprennent ce qui suit.

- *L'avortement* – Aussitôt que possible, tentez d'inculquer à votre enfant que décider de se faire avorter en secret à cause de la fureur des parents n'est pas une issue sensée ; en fait, c'est un autre exemple de ce que des méthodes de parentage excessivement sévères et autocratiques peuvent entraîner. En outre, essayez de ne pas imposer votre choix à votre adolescente. N'oubliez pas que, fort probablement, elle se sent très vulnérable et confuse, et qu'elle pourrait être contrainte à prendre des décisions qu'elle regretterait tout le reste de sa vie. Des parents efficaces, empathiques, aideront leur adolescente à se frayer un chemin parmi l'ensemble des choix aussi calmement et objectivement que possible, ce qui n'est pas une tâche facile, mais néanmoins faisable. On devrait chercher à obtenir un bon counselling et il est recommandé d'aider l'adolescente à comprendre ce que le processus d'avortement impliquera. Cela facilitera la prise de décision et minimisera les chances de regrets à long terme et de colère probable, résultant de ce qu'elle n'était pas avertie des sentiments de deuil et de tristesse qui pourraient s'ensuivre.

- *L'adoption* – C'est aussi une option sensée et réaliste. Cependant, une fois de plus, il faut tenir compte de procédures et de considérations légales.
- *La monoparentalité* – Je pourrais écrire un livre sur le sujet. Particulièrement en ce qui a trait à la quantité énorme de grossesses adolescentes qui résultent en de jeunes mères inexpérimentées qui tentent de s'en sortir seules. On peut être tenté de croire que c'est typiquement un symptôme de pauvreté, d'inégalité et d'ignorance, mais cela peut arriver à n'importe qui, n'importe où. Bien sûr, il y a de nombreux aspects à prendre en considération ici, l'un des plus importants étant la question des réseaux de soutien familiaux. Qui sera responsable au premier chef des soins donnés à l'enfant? La mère complétera-t-elle ses études? Où la mère et l'enfant vivront-ils? Comment la mère subviendra-t-elle à ses moyens? Il est important de souligner les enjeux du développement dans un tel cas: souvent, la mère adolescente est incapable, en termes développementaux, de prendre soin du bébé et même une adolescente mature et responsable trouvera la situation extrêmement exigeante.

Cette accélération des stades de développement peut aboutir à une accumulation ultérieure de problèmes non résolus, résultant en un parent adolescent qui devient plus tard une «ado» rebelle à 40 ans! C'est attribuable à ce qu'elle est devenue un parent avant que d'être une jeune adulte libre et indépendante. Les parents adolescents peuvent parfois être des mères très négligentes et abusives à cause de leur ignorance, de leur confusion et du stress, ce qui, à l'occasion, peut nécessiter l'intervention des services sociaux. Il y a une question très délicate qu'on pose parfois: « Pensez-vous que l'avortement est pire que la maltraitance ultérieure de l'enfant? » Il n'existe pas de réponse objective possible à cela. Il n'y a que le renforcement du besoin vital d'un counselling calme et bien informé et d'une prise de décision efficace, basée sur la connaissance de ce que les diverses options impliquent.

ET LE PÈRE ?

L'accent a été mis sur l'aspect fille/féminin de la question mais, évidemment, il faut être deux pour concevoir un bébé ; il est donc essentiel d'inclure le père et ses parents le plus tôt possible. Les activistes du mouvement des droits des femmes ont insisté sur le droit des filles/mères de prendre les décisions en ce qui concerne leur corps. Toutefois, on ne doit pas oublier que le bébé compte 50 % de gènes issus du père et, de ce fait, celui-ci a le droit d'être inclus, même si la plupart des adolescents préféreraient ne pas être impliqués et que cela a tout à voir avec le refus de faire face aux conséquences de leurs actes/erreurs. Les parents de l'adolescente enceinte peuvent pencher vers la prise de contrôle eu égard aux décisions importantes, mais ils devraient aussi tenir compte des parents du garçon : il s'agit de leur petit-enfant potentiel aussi.

La variante suivante peut entrer en jeu et compliquer la situation : le garçon ou ses parents mettent en doute la paternité. On peut accuser la fille d'avoir eu d'autres partenaires sexuels et on peut insister pour procéder à des tests de paternité. Quoique cela puisse rendre plus délicate une situation déjà exacerbée, on recommande de procéder à cette démarche essentielle afin de réduire toute possibilité de récriminations futures et d'incertitude. Consultez votre médecin de famille au sujet de la procédure à suivre. L'ADN est prélevé tant chez le bébé que chez le père et les résultats du laboratoire sont scientifiquement exacts. Autrement dit, essayez de ne pas vous sentir trop menacé. Il peut y avoir place pour le doute et il est souhaitable d'en avoir le cœur net dès que possible. J'ai été impliquée dans des cas où le point d'interrogation a persisté durant des années, souvent au détriment de la relation père-enfant.

ITS et ITSS

Tristement, la réalité tragique du XXIe siècle ne peut être séparée de la sexualité. Il y a un certain temps, on m'a demandé de m'adresser à un groupe d'enfants de première et deuxième années à ce sujet. Le directeur me demanda de procéder avec délicatesse et de cibler mon propos sur la question des échanges sanguins, c'est-à-dire la transmission des infections par le sang. Il estimait qu'il n'était pas nécessaire de parler de sexe. J'avais mes doutes, mais j'acceptai puisque les enfants étaient très jeunes. Tout se déroula très bien, jusqu'à ce qu'un garçon affranchi de sept ans lève la main et nous informe tous : « On peut aussi être infectés en ayant une relation sexuelle.» Ce qui ouvrit une boîte de Pandore, confirmant ainsi mes doutes initiaux.

La morale de l'histoire, c'est que nos enfants ont besoin de recevoir une éducation à l'égard des infections transmises sexuellement (ITS), des infections transmises sexuellement et par le sang (ITSS), parmi lesquelles le VIH et le sida, l'ensemble s'insérant à tout le reste qu'on leur enseigne. Comme tout ce qui concerne la sexualité, on doit procéder en fonction de l'âge dans le cadre de leur éducation sexuelle, qu'elle soit parentale ou scolaire. Il ne s'agit pas d'utiliser des «tactiques alarmistes» pour tenter d'effrayer les adolescents quant aux risques que représentent les ITS, les ITSS et les grossesses non désirées, ni de se limiter à la seule description de la «mécanique sexuelle». L'éducation sexuelle en milieu scolaire doit avoir pour but de rassurer, de démystifier et de faire en sorte que les élèves ne soient plus déroutés par la réalité sexuelle.

La dernière chose qu'ils pourraient imaginer

Le problème principal entourant les adolescents et les ITS/ITSS, c'est qu'ils se sentent immortels et invincibles. Quand leurs hormones entrent en éruption à la faveur d'un moment de passion sexuelle, la dernière chose qui leur vient à l'esprit, ce sont les conséquences d'une relation sexuelle non protégée. C'est pourquoi la relation parent-enfant franche et honnête est si essentielle. On doit leur inculquer à tout prix que les relations sexuelles non protégées peuvent entraîner des tragédies terribles et qu'ils doivent transporter des condoms dans leurs portefeuilles et leurs poches (oui, les filles aussi). Si une relation sexuelle non protégée a lieu, il est très important qu'ils n'aient pas peur de vous en parler: la confiance qui est présente dans vos rapports peut être le facteur qui sauvera la vie de votre enfant. Par exemple, dans le cas du VIH et du sida, il y a une période cruciale et, si des antirétroviraux sont administrés durant cette période, on peut empêcher la diffusion du virus. Cette période couvre les premières 72 heures suivant l'acte sexuel pour amorcer le traitement, ce qui peut faire la différence entre la vie et la mort de votre adolescent.

Quand les ITS/ITSS sont en cause, ce n'est pas le moment de faire dans la dentelle: la chlamidia trachomatis, la lymphogranulomatose, l'infection gonoccique, la syphilis, l'hépatite ne sont guère plus sympathiques que le VIH et le sida!

CE N'EST PAS UNE VRAIE RELATION SEXUELLE

Un dernier ajout à ce bref survol des ITS/ITSS en rapport avec la sexualité adolescente, c'est la tendance parmi les préadolescents et les adolescents à se livrer au sexe oral. Beaucoup d'entre eux croient que cela réduit tout risque de contracter une ITS/ITSS. Comme chez un certain président des États-Unis du siècle dernier, l'attitude se résume à : « Ce n'est pas une vraie relation sexuelle si ce n'est pas un pénis dans un vagin. » Le sexe oral ou l'introduction d'objets ne figurent-ils pas parmi les relations sexuelles à part entière ?

En feuilletant un vieux numéro du magazine *Femina*, datant de novembre 2001, j'ai trouvé un article très pertinent, contenant une citation de Marlene Wasserman (D^re Eve) qui concerne ce problème du sexe oral chez les adolescents :

> *« Quant à la tendance à la hausse du sexe oral chez la jeunesse, les enfants sont le reflet de ce qu'ils voient dans les feuilletons télévisés, les vidéos et les magazines. Ils renvoient l'image que le sexe sans pénétration n'est pas vraiment une relation sexuelle, et l'idée que le sexe oral est sécuritaire en cette époque du VIH. Ce l'est, mais de quelques degrés à peine : des gencives qui saignent et de minuscules lacérations sur les organes génitaux peuvent paver la voie au virus. »*

Ajoutons que ce qui vaut pour le VIH vaut aussi pour de nombreuses autres infections, bactériennes et virales, transmises sexuellement ou par le sang.

Les parents doivent s'occuper de ce problème en toute urgence. Il n'est jamais aisé d'aborder des sujets comme le sexe oral avec un enfant mais, dans le monde technologique des moyens de communication actuel, on doit avoir une longueur d'avance.

Les adolescents ont besoin de comprendre que tout contact génital avec une autre personne peut être identifié comme une « relation sexuelle ». Par conséquent, toutes les conséquences émotionnelles afférentes à des actes comme le sexe oral seront similaires à celles qui résultent d'une relation sexuelle avec pénétration.

Ces sujets souvent embarrassants pour les parents doivent être discutés et gérés sur une base permanente, d'une façon aussi détendue et terre à terre que possible.

Viol

Plus de la moitié des victimes de viol sont âgées de moins de 18 ans et la plupart des victimes d'agression sexuelle sont de sexe féminin. Aussi dramatique et affligeant que ce soit quand cela frappe votre famille ou vos amis, il est essentiel de garder la tête aussi froide que possible. Avant même la séance absolument nécessaire de counselling posttraumatique, assurez-vous que votre fille n'a pas été infectée par le VIH ou une autre ITSS qui mettrait sa vie en péril. Bien sûr, notre responsabilité première comme parents est de garder nos enfants sains et saufs physiquement et émotionnellement… mais la réalité, c'est qu'ils traversent les années turbulentes de l'adolescence, qu'ils s'éloignent de nous et qu'ils s'exposent à tous les dangers qui existent dans le monde au-delà de leur foyer.

Malheureusement, leur foyer est parfois un lieu à risque aussi et les abus sexuels sont une autre triste réalité de notre monde. Qu'il suffise d'insister, de nouveau et jusqu'à en avoir la nausée, que si vous vous assurez que votre enfant/adolescente sait qu'elle peut avoir confiance que vous l'écouterez et que vous prendrez ses sentiments au sérieux, elle se confiera à vous. De la même façon, si vous faites en sorte de rester étroitement liés à votre adolescente, d'apprendre à vous syntoniser sur son langage corporel et décoder certains comportements inquiétants, vous serez plus aptes à détecter quand des choses la perturbent. Il y a longtemps, quand je travaillais au Child Welfare, j'étais souvent affligée quand des enfants abusés sexuellement, à qui on demandait pourquoi ils ne se confiaient pas à leurs parents, détournaient les yeux et déclaraient des choses, comme : « Parce qu'ils ne m'écoutent jamais et que, de toute façon, ils ne m'auraient pas crue. » Quelle triste accusation à l'endroit de leurs relations parents-enfants.

Homosexualité

J'aborde cette question ici parce que c'est un aspect de la sexualité qui peut causer une énorme peine aux parents et, bien sûr, aux adolescents. En dépit de recherches et d'hypothèses sans fin, il n'y a toujours pas de preuve concluante pour en expliquer la source. Le débat « les gènes *versus* le milieu » se poursuit et on blâme les parents. « C'est parce que sa mère était trop dominatrice » ou « C'est parce que son père était autocratique et qu'il maltraitait sa mère ».

Un fait demeure : durant le processus d'identification au rôle sexuel, un pourcentage d'adolescents commencera à s'identifier plus étroitement au sexe opposé. Par exemple, un garçon s'identifiera plus à une identité féminine. Il y a aussi une étape dans la formation du rôle sexuel durant laquelle un aspect de l'homosexualité peut prédominer. Une fille de 12 ans peut se sentir très attirée par une autre fille de son âge ou idolâtrer une fille plus âgée… et la même chose se produit chez les garçons. Des adultes excessivement critiques peuvent en réalité, mais sans en avoir l'intention, forcer l'adolescent à se lier trop étroitement au même sexe dans le cadre de la révolte adolescente normale ou simplement par instinct de protection envers cet important ami de même sexe. Rappelez-vous que nous avons traité plus haut de la façon de gérer les amis pour lesquels nous éprouvons des impressions négatives. *Nous ne pouvons choisir les amis de nos enfants, ni leurs futurs partenaires.*

Des problèmes graves, à long terme, sont provoqués quand les adolescents choisissent leur rôle sexuel seulement pour garder leurs parents/familles heureux, à peu près de la même façon qu'ils peuvent choisir une carrière pour satisfaire leurs parents. J'ai conseillé des familles dont l'un des parents était finalement « sorti du placard », causant souvent tout un désarroi, non seulement à leur conjoint(e) et leurs enfants, mais tout autant à soi-même. C'est comme s'ils se sentaient enfin libres d'assumer leur véritable identité.

Quelques stratégies d'adaptation
pour les parents faisant face à ce défi

- Facilitez les choses pour votre adolescent afin qu'il puisse démêler ses sentiments et ses anxiétés. Souvent, le parent aura soupçonné/craint la vérité depuis des années ; toutefois, il était plus facile d'éviter d'affronter ses peurs, la fuite en avant étant moins embarrassante que la réalité.

- Aussi difficile et décevant que cela puisse être pour vous, le parent, vous devez vous mettre à la place de votre enfant et essayer d'avoir de l'empathie pour ce qu'il traverse.

- Consultez un professionnel. Le parent devra peut-être faire face à des sentiments de peine et de deuil… à l'égard de l'enfant que vous espériez et à cause des difficultés que vous savez que votre enfant devra affronter dans un monde où les préjugés homophobes sont tenaces. Quoique les attitudes aient changé et que l'acceptation soit plus répandue, il subsiste toujours des attitudes, des préjugés et des étiquettes négatives profondément ancrés à affronter. Cela peut aussi exercer une pression énorme sur la relation parentale. Un parent peut être plus enclin à accepter et, de ce fait, s'aliénera son partenaire, en étant critique de son attitude porteuse de jugements.

- Le counselling est aussi nécessaire pour l'adolescent. Il bénéficiera de se pencher sur les problèmes avec un thérapeute objectif et qui ne porte aucun jugement.

- Il y a aussi la question de la bisexualité. Cela se manifeste surtout chez les filles de nos jours : beaucoup se sentent attirées par le même sexe mais, simultanément ou plus tard, elles sont aussi attirées par le sexe opposé. Beaucoup d'adolescentes ont confié qu'elles se sentaient plus en sécurité avec d'autres filles. « C'était seulement amusant de faire l'expérience et de voir de quoi il retournait, sans toutes les complications et les risques qu'il y a avec les gars. J'aime les gars et je veux une relation avec eux, mais plus tard. Les gars font tellement une idée fixe de l'acte sexuel, qu'ils sont nuls pour une vraie communication et de vrais sentiments. » Cela m'a été confié récemment par une fille de 18 ans.

- Faites savoir à votre adolescent qu'il sera toujours votre enfant, peu importe ce que sera son éventuelle préférence sexuelle, carrière ou mode de vie.

- Enfin, après le counselling individuel, vous pourriez avoir besoin de counselling familial. Cela aide à rétablir les liens, dégager les zones de conflit et réaffirmer les limites.

....

RÉSUMÉ

- Un développement sexuel sain devrait être un aspect positif, très ouvert, de la croissance, mais une information appropriée depuis le plus jeune âge devrait faire partie intégrante de la relation parent-enfant/adolescent.

- Les parents devraient essayer de contrôler leurs réactions devant les questions, erreurs et remises en question des valeurs. Une remarque excessive, porteuse de jugement, peut inciter l'adolescent à se replier sur soi, se mettre sur la défensive et sentir qu'il n'est pas sécuritaire émotionnellement de discuter de ses préoccupations et anxiétés avec ses parents.

- Dans toutes les questions touchant à la sexualité – devenir sexuelle-ment actif, la grossesse, l'avortement, l'adoption, la monoparentalité, les ITS et ITSS et, malheureusement, même le viol –, il est essentiel que les parents visent à :
    - être adéquatement informés ;
    - garder les lignes de communication ouvertes ;
    - respecter l'intimité et l'acquisition de valeurs individuelles ;
    - obtenir du counselling ou une thérapie quand s'adapter devient « un pas de trop » pour toutes les personnes concernées ;
    - ne jamais visser un couvercle étanche sur les problèmes : les secrets de famille peuvent devenir des plaies émotionnelles suppurantes qui ne disparaîtront pas.
- L'homosexualité peut être aussi une réalité qui se manifeste durant l'adolescence. Dans la plupart des cas, la meilleure solution consiste à obtenir des informations professionnelles et du soutien, si vous êtes submergé par vos sentiments et l'opinion sociale.
- Il est important de se rappeler que l'identité sexuelle est une partie intégrante de l'identité générale qui se forme durant ce stade de déve-loppement, dont le défi principal est d'en émerger avec une identité aussi bien intégrée holistiquement que possible.

Les problèmes plus graves de l'adolescence

L'aspect redouté du comportement adolescent

Jusqu'ici, nous avons couvert les problèmes adolescents plus normaux comme les règles de la maison, les bonnes manières, les bars, les couvre-feux, la technologie et la sexualité. Nous nous déplaçons maintenant vers l'extrémité plus sombre du spectre du comportement adolescent. Tel que déclaré à maintes reprises, le but de ce livre consiste à aider et à équiper les parents, les grands-parents et tout adulte qui traite avec des adolescents afin d'être capables de prévenir l'escalade vers des problèmes plus graves.

Il est clair que ce stade de développement implique des volets d'excitation et d'expérimentation.

- Qu'est-ce que je peux me permettre sans me faire pincer?
- Je n'ai pas à vivre la vie sûre et prévisible de mes parents. J'ai le goût du risque, du danger et de l'excitation.
- J'adore tout simplement la montée d'adrénaline quand je vois que je peux m'en tirer à bon compte.
- Faire l'expérience d'un cocktail, d'un joint, d'un comprimé stimulant lors d'une fête ne peut pas faire de mal. Je ne vais pas devenir dépendant si je le fais de temps à autre.

Il y a sans conteste des facteurs qui augmentent le risque d'extériorisation normale, le comportement expérimental et plein d'enthousiasme se consolidant et, éventuellement, devenant extrêmement problématique et dysfonctionnel.

QUELS SONT CERTAINS DES FACTEURS DE RISQUE ?

- Des modèles de communication fermés, rigides et inflexibles. L'adolescent se sent impuissant et incapable de « respirer » émotivement ou de faire jouer les muscles adolescents normaux de l'indépendance.
- Des parents aux prises avec leurs propres problèmes et traumatismes, à tel point que la douleur et la confusion de leur adolescent passent inaperçues. Les parents traversent aussi leurs propres crises et ont souvent d'énormes fardeaux à porter. *Si vous traversez une passe négative, il est essentiel de trouver une aide externe pour votre adolescent.*
- Des règles impitoyables, autocratiques et irrévocables.

> « *Dans les familles dysfonctionnelles, les règles sont rigides et inchangées… les règles dominantes sont le contrôle, la perfection, le blâme, aucun droit à la parole, aucun droit à l'écoute, l'incohérence et l'inconsistance.* »
>
> (John Bradshaw, *La famille*)

- Des parents trop permissifs qui établissent des règles et limites vagues et incohérentes, et qui choisissent de fermer les yeux sur les signes précoces de graves problèmes adolescents. Un père très permissif, détendu et « alternatif » a dit déjà en riant : « Je fume du cannabis régulièrement et je n'y vois aucun problème. En fait, j'ai offert un joint à ma fille et nous avons bien ri. » Malheureusement, cette pauvre fille a développé un grave problème de drogue et s'est retrouvée dans divers centres de réhabilitation.
- Un sentiment envahissant de piètre estime de soi. Souvent exacerbé par des méthodes parentales hypercritiques et scrupuleusement sévères. Cet adolescent a une vision de lui-même si négative qu'il est plus enclin à être attiré par des sous-cultures comme la drogue et l'alcool, les gangs et les sectes nuisibles. Là, il se sent finalement « chez lui ». Il est accepté, s'affirme et a un sentiment d'appartenance. Les adolescents ayant une piètre estime de soi sont aussi plus sujets à être influencés par les aspects dangereux de la pression des pairs.
- De piètres modèles parentaux/adultes. Quand les parents s'attendent à ce que leurs adolescents restent dans le droit fil de la légalité,

alors qu'ils offrent eux-mêmes de mauvais exemples, leurs tentatives d'établir des limites sont susceptibles d'imploser. Ne pas respecter les règles de la circulation, consommer régulièrement des quantités excessives d'alcool, puis se conduire mal et devenir agressif et abusif envers les autres sont tous des exemples d'un piètre contrôle des impulsions.

• Remplacer les habiletés de résolution de problèmes et de résolution de conflits par des solutions chimiques. Par exemple, saisir la bouteille de tranquillisants après une querelle familiale ou se verser un verre d'alcool fort quand on est stressé et en colère. « Je ne peux plus supporter l'attitude impossible de ta mère une minute de plus ! », puis s'emparer de la bouteille de whisky devant l'adolescent ! Quel type de message envoie-t-on ? Que l'usage d'alcool et de drogues est une solution aux conflits interpersonnels dans une famille, et qu'ils remplacent le partage vrai et honnête des sentiments et des opinions ?

> « *Quand nous abandonnons nos propres sentiments, nos propres besoins et nos propres désirs, nous développons un faux soi. Ce faux soi est un masque et il est irréel. Quand nous vivons notre vie comme quelqu'un d'autre, nous perdons notre vitalité et notre spontanéité. La seule façon que nous ayons de nous sentir vivant, c'est de nous livrer à un comportement compulsif/dépendant.* »
>
> (John Bradshaw, *La famille*)

Tous les facteurs ci-dessus renforcent et soulignent l'importance d'œuvrer à la communication positive et aux habiletés de parentage efficaces dans toutes nos familles. *Il n'est pas trop tard pour s'engager à changer à compter d'aujourd'hui.*

On ne doit pas oublier que, chez l'adolescent, le comportement extraverti ou provocant, expérimentateur et qui met à l'épreuve les limites est très normal… et que des problèmes peuvent surgir dans les meilleures familles. Essayez de ne pas vous sentir coupable ou de blâmer les mauvais gènes dans la famille de votre partenaire. Travaillez plutôt de concert en tentant conjointement de trouver des solutions aux problèmes adolescents plus sérieux.

Michael Jordan, le célèbre joueur de basketball, a dit déjà: «*Je peux accepter l'échec. Tout le monde connaît des échecs. Mais je ne peux pas accepter de ne pas avoir essayé.*» Donc, même si votre adolescent est déjà dans la partie sombre du spectre du comportement adolescent, prenez courage et continuez d'essayer.

ALCOOL ET DROGUES

Cet aspect de la tentation adolescente sous la pression des pairs est profondément préoccupant pour les adultes. Où que l'on regarde, on en voit la preuve indéniable des effets dommageables.

Alcool

L'alcool représente un risque énorme pour nos adolescents. La publicité fait l'apologie de la consommation d'alcool et, comme c'est légal pour les 18 ans et plus, il devient difficile d'adopter une attitude ferme. Un argument souvent mis de l'avant est à l'effet que, dans des pays comme la France, boire du vin fait partie de la culture et on permet aux enfants d'y goûter quand ils sont jeunes. Le problème ici est que, dans ces familles, il existe un sentiment solide de connexion et l'établissement des limites est ferme et clair. Sans doute, ces enfants et adolescents éprouveraient des conséquences pour avoir brisé les règles, par exemple, s'ils sortaient et s'enivraient à 14 ans. De même, dans d'autres familles françaises, il ne fait aucun doute qu'il existe des limites floues où les adolescents brisent les règles et ne subissent pas des conséquences adéquates. Ce qui importe, c'est d'établir fermement ce qui est permis dans une famille en particulier et ce qui ne l'est pas. Si, lors d'une noce familiale, un parent dit à son adolescent de 15 ans: «Tu peux prendre un demi-verre de champagne pour trinquer avec nous, mais si je découvre que tu en as pris plus, tu ne sortiras pas samedi soir prochain.» L'enjeu essentiel ici est la capacité parentale d'indiquer très clairement les choix et les consé-quences et souligner que, une fois la confiance brisée par un mépris flagrant des règles, les conséquences seront imposées et la confiance devra être rebâtie.

Avertissement – Si votre adolescent revient à la maison nettement sous l'influence d'autre chose que le Cola ou le jus d'orange, rappelez-vous toutes les habiletés parentales de votre échelle du parentage.

Souvenez-vous du fait que les gens, *surtout les enfants et les adolescents, mentent rarement quand ils sentent qu'il n'y a pas de mal à dire la vérité.*

Restez calme et discutez du problème

Réagir avec excès, proférer des injures ou des menaces ne changeront pas la situation problématique. Ces éclats ne feront qu'empirer les choses. Pesez sur votre bouton PAUSE et utilisez votre monologue intérieur le plus apaisant. Utilisez le langage au Je. Engagez-vous à discuter du problème quand tous seront plus calmes. À cette étape, passez en mode calme, déterminé et très précis. Mettez les conséquences en place. Simultanément, gardez les canaux de communication aussi ouverts et empathiques qu'il soit humainement possible de le faire.

NOTE – Si, à votre connaissance, c'est la première fois que votre adolescent revient à la maison dans cet état, exprimez votre déception et votre inquiétude et, à ce moment-là, mettez les choix et les conséquences fermement en place. « Je suis très affecté par cette situation et je suis déçu que tu aies permis que cela arrive. Toutefois, nous commettons tous des erreurs et peut-être que cela te sert de leçon. Si ça se répète, tu ne sortiras pas durant les deux prochaines fins de semaine. Avons-nous conclu une entente au sujet des boissons alcoolisées, alors que tu n'as pas l'âge légal pour en accepter ? »

Premier prix – Votre adolescent partage sa mauvaise expérience et vous pouvez rester calme et mettre en place les conditions. Cela devrait renforcer votre relation.

Deuxième prix – Votre adolescent se confie. Vous paniquez et réagissez avec excès, mais vous réalisez vite que cela n'aidera pas et vous vous reconnectez plus positivement. Cela pourrait renforcer votre relation.

Prix citron – Vous paniquez et vous traitez votre adolescent de tous les noms, sans même essayer de comprendre, puis vous lui interdisez de sortir durant quatre fins de semaine. Cela affaiblira certainement votre relation et le problème restera probablement sous-jacent.

Évidemment, si votre adolescent a développé un problème plus profond avec l'usage de l'alcool, une aide professionnelle devrait être recherchée aussitôt, pour vous et votre jeune. Cela s'applique clairement à tous les problèmes adolescents plus graves qui en découlent.

Drogues

Avant de s'arrêter aux problèmes adolescents plus graves liés à la drogue, il est nécessaire de traiter brièvement de l'usage de la cigarette.

CIGARETTE

Il est indubitable que la cigarette crée une dépendance. Il est alarmant de constater que, malgré la disponibilité de tous les faits précis et scientifiquement prouvés concernant les risques pour la santé et la vie que l'usage de la cigarette peut causer, les enfants et les adolescents y paraissent indifférents. On peut généralement affirmer que beaucoup de fumeurs ont commencé à fumer avant l'âge de 18 ans. Plus les enfants sont jeunes quand ils goûtent à la cigarette la première fois, plus ils sont sujets à devenir des fumeurs réguliers et moins ils sont enclins à cesser.

Quand j'étais adolescente, dans les années 1960, je me rappelle combien fumer la cigarette était valorisé dans les publicités. Celles de Peter Stuyvesant mettaient toujours en vedette de belles femmes sexys et de beaux mâles athlétiques qui évoluaient dans des lieux exotiques et excitants. Heureusement, la publicité des produits du tabac est désormais sérieusement restreinte mais, en dépit des avertissements sur les paquets de cigarettes, comme « fumer tue », et de savoir à quoi ressemblent des poumons de fumeurs, les jeunes adolescents sont toujours attirés par cette habitude qui peut entraîner la mort. Pourquoi ? Surtout parce qu'ils se sentent invincibles, mais aussi parce que ce stade développemental est caractérisé par le besoin d'excitation et de rejet des limites.

UNE NE FERA PAS DE MAL

La pression des pairs joue aussi un rôle de premier plan. « Voyons, essaies-en une, juste pour voir. Ça ne te fera pas de mal. » Se démarquer est la dernière chose souhaitée par la plupart des adolescents et être étiqueté *nerd*, *loser* ou *geek* équivaut à une mort sociale. L'autre jour, j'ai entendu par hasard un groupe d'adolescentes de 14 à 15 ans qui parlaient d'une camarade de classe. « Elle ne fera jamais partie de notre groupe, peu importe combien elle essaie. C'est une mordue de l'étude et elle ne veut jamais rien tenter au cas où elle aurait des ennuis. » Il faut être une fille avec une bonne dose d'estime de soi pour s'élever au-dessus de ce type d'ostracisme potentiel.

Fumer la cigarette est souvent l'un des premiers graves défis aux limites que les parents et les adolescents rencontrent. C'est l'un de ces comportements qui devient quasi impossible à interdire complètement. Un parent peut discuter du problème avec l'adolescent : « Fumer la cigarette est non négociable. Tu as 13 ans et c'est interdit. Si je découvre que tu as désobéi à cette règle, je n'aurai pas le choix de t'interdire de sortir durant une semaine. » Selon toute probabilité, l'adolescent rebelle et volontaire ignorera votre règle à un moment ou un autre. Alors qu'il est encore jeune, vous pourrez probablement appliquer la conséquence quand vous découvrirez que la règle a été brisée. Toutefois, plus sa 18e année approche, plus vous devrez laisser votre adolescent prendre sa propre décision. À tout âge, vous avez le droit d'insister sur vos règles à domicile : « Je suis déçue que tu sembles déterminé à fumer. Cela dit, la règle est qu'on ne fume pas dans ma maison. Tu devras donc fumer dans le jardin. »

Comme pour tous les comportements adolescents antisociaux, plus l'adolescent est rebelle et provocateur, plus il est enclin à se camper sur sa position si vous devenez trop contrôlant et intransigeant. Il sera peut-être nécessaire de lire et relire toutes les habiletés apprises sur chaque barreau de l'échelle du parentage. Les choses se corsent de plus en plus à mesure qu'on se déplace sur le spectre des comportements adolescents.

Il est indéniable que, une fois que la cigarette est devenue une habitude enracinée, l'étape vers la drogue suivante est plus facile.

Les drogues plus néfastes

De nos jours, chaque parent est conscient de l'accessibilité des drogues pour nos enfants et l'adolescent qui a tâté de la cigarette à l'occasion peut être influencé plus aisément. « Allons donc ! Partage ce joint avec moi. Tu vas te sentir tellement relax et heureux. » La vérité est que presque tous les adolescents feront l'expérience d'une drogue quelconque avant d'avoir 21 ans. Seul un petit pourcentage deviendra toxicomane. Et, d'ordinaire, ceux qui le deviennent ont de plus graves problèmes sous-jacents et souvent des problèmes d'antécédents familiaux reliés à l'alcool ou à l'usage de drogues peuvent être présents.

Tel que déjà mentionné, ce n'est pas un livre qui traite principalement des comportements adolescents problématiques plus complexes.

L'information relative à l'usage et l'abus de drogues est déjà disponible dans les centres de services sociaux et les centres des intervenants en toxicomanie, et on peut la trouver sur le Web ; toutefois, pour les parents concernés, j'inclus ici un résumé très abrégé des drogues les plus courantes accessibles aux adolescents.

Drogues disponibles légalement

L'alcool pour les 18 ans et plus. Les produits du tabac pour les 18 ans et plus. Les médicaments d'ordonnance, les substances inhalées et les médicaments contre le rhume, pour dormir et diététiques en vente libre. Quand les drogues illégales sont difficiles à obtenir, les adolescents essaient souvent les substances plus faciles à obtenir, quitte à piller la pharmacie des parents. Soyez vigilants.

Drogues illégales

CANNABIS

Le cannabis est la drogue la plus facilement disponible ; on l'appelle aussi pot, joint, marijuana, marijane, herbe, *grass*, etc. Les adolescents commencent souvent à expérimenter avec la pipe à eau dans laquelle ils mettent des produits du tabac. « Ce n'est que du tabac aromatisé », déclarent-ils à leurs parents horrifiés quand ils découvrent ce qu'ils font ! Une pipe à eau ressemble à un narguilé ou à une pipe à opium. Il est facile de passer à l'étape suivante et de mélanger du cannabis au tabac. L'argument éculé présenté par les adolescents qui fument du cannabis est que c'est un produit naturel ayant une valeur médicinale. « Dieu a créé l'herbe, l'homme a fabriqué l'alcool. En qui avez-vous confiance ? » Cet écriteau était affiché avec provocation sur la porte de l'une de mes adolescentes durant une phase rebelle ! Néanmoins, les parents confrontés au problème doivent affirmer avec sérieux et sans faiblir que, l'adolescent ne souffrant d'aucune maladie, il n'y a aucune raison qu'il l'utilise.

LES EFFETS DU CANNABIS

Selon les usagers, les effets du cannabis varient d'une personne à l'autre. Le cannabis est un léger dépresseur et, quand il est fumé, l'effet qui en résulte est ressenti en quelques minutes et atteint un pic après trois minutes. Le cannabis conservera son effet sur l'organisme durant deux à trois heures. Plus la dose est forte, plus long et intense sera le *high*. Le cannabis accélère le pouls et abaisse drastiquement la tension artérielle. La bouche s'assèche et, dans certains cas, on peut avoir des hallucinations. Parmi les autres effets secondaires : une grande soif et une augmentation de l'appétit, de l'agressivité, de légers étourdissements et de la distraction (chez certains usagers). Si utilisé en combinaison avec l'alcool, ces effets peuvent s'aggraver et on rapporte des cas de synesthésie, dans lesquels la musique est vue et les couleurs sont entendues.

Vous trouverez ci-dessous une liste des effets visibles du cannabis chez les usagers.

- Yeux injectés de sang
- Yeux somnolents
- Soif ou faim inhabituelles
- Humeur incontrôlable/sautes d'humeur
- Bavards et pris de fous rires
- Mauvaise prise de décision
- Mains tachées

Signes physiques

Les signes physiques ci-dessous peuvent indiquer qu'un ou des individus utilisent du cannabis.

- Graines ou pépins de cannabis éparpillés un peu partout
- Restes ou poussière de cannabis trouvés dans les poches des vêtements
- Bouteilles brisées ou cols de bouteilles
- Machines à rouler et papier
- Odeurs inconnues dans la maison
- De l'encens brûle dans les pièces
- Gouttes pour les yeux ou baume pour les lèvres utilisés intensivement
- Petits sacs en plastique vides
- Pinces à sourcils
- Couleurs des rastas (rouge, vert et jaune)
- Boîtes et carnets d'allumettes vides
- Mode de vie désordonné

Les preuves de la plupart des substances mentionnées ci-dessus se trouveront souvent dans leurs poubelles.

MÉTHAMPHÉTAMINE

La méthamphétamine fait partie des amphétamines, un groupe de drogues souvent utilisées comme médicaments prescrits pour la perte de poids, comme inhalateur nasal ou d'autres troubles médicaux. Cette drogue est facile à ingérer, généralement à partir d'un bulbe d'ampoule chauffé dessous pour produire des vapeurs qui seront inhalées. La méthamphétamine produit un *rush* caractéristique d'où son nom courant, *speed*. On l'appelle aussi *crystal*, *ice*, et sous au moins 22 autres noms, dont *chalk*, *glass*, *kryptonite*, *pinotte*, *zip*, etc.

La triste réalité est qu'une drogue telle que la méthamphétamine donne à certains adolescents ce qu'ils n'ont pas, mais dont ils ont si désespérément besoin, comme la confiance en soi, la puissance, le sentiment d'être au sommet du monde et d'échapper à leurs problèmes. Elle a pour effet de chasser toutes leurs insécurités ; c'est un peu comme avoir quelqu'un à côté de soi qui vous dit que vous êtes assez bon, assez intelligent et assez aimable.

Le terrible revers est que cette drogue détient l'un des taux de dépendance les plus rapides et que les jeunes de 12 à 19 y réagissent très fortement. Elle surexcite le système nerveux central et, par conséquent, les usagers souffrent d'anxiété et de paranoïa, de suées, de frissons et d'épuisement. L'effet sur le cerveau peut induire un tremblement semblable à la maladie de Parkinson. Les usagers peuvent devenir psychotiques et délirer, leur santé se détériore rapidement et il y a une possibilité d'arrêt cardiaque.

Je ne mentionne ici que les deux drogues les plus courantes des adolescents. Bien sûr, elles sont souvent les précurseurs de drogues plus dures comme la cocaïne et l'héroïne, mais ce livre ne prétend pas offrir une couverture complète des diverses drogues. Donc, si vous craignez que votre adolescent soit aux prises avec de sérieux problèmes de consommation, vous devrez consulter un professionnel de toute urgence.

Résumé des signaux d'alarme révélant un abus de drogue chez l'adolescent

- *Physiques* – Fatigue durable, plaintes récurrentes sur l'état de santé, yeux rouges et ternes, toux.
- *Émotionnels* – Changements d'humeur soudains, comportement irresponsable, piètre estime de soi, dépression et manque d'intérêt.

- *Familiaux* – Commence à argumenter et à enfreindre les règles de la famille. S'isole de la famille.
- *Scolaires* – Chute des résultats, absences nombreuses, problèmes disciplinaires,
- *Sociaux* – Activités illégales. S'attire des ennuis avec les autorités policières ; souvent le résultat de vols d'objets en vue de les revendre pour l'argent de la drogue. Des biens précieux commencent à disparaître. Au début, beaucoup de parents ne comprennent pas ce qui se passe et ne peuvent pas croire que leur propre enfant puisse les voler. La tendance à cette étape consiste à éviter d'affronter l'évidence. Ces adolescents doivent être tenus responsables pour leurs actions dès la toute première incidence de vol. Rappelez-vous ce que j'ai dit plus tôt sur la nécessité qu'il se sente à l'aise de dire la vérité, mais que vous soyez rigoureux quant aux conséquences qui doivent être imposées pour que l'adolescent apprenne, dès que possible, qu'un tel comportement malhonnête ne sera pas toléré. Trop de parents ont vécu pour regretter le fait de n'avoir pas adopté la ligne dure avant que leur adolescent ne s'enfonce plus profondément dans le comportement criminel. La réalité est qu'ils ne peuvent pas être sauvés et protégés à jamais et que, tôt ou tard, la loi les rattrapera avec des conséquences très tristes et d'une portée considérable. Des changements dans la tenue vestimentaire et la musique et un groupe d'amis complètement nouveau deviennent aussi tout à coup manifestes.

On doit souligner que plusieurs symptômes pourraient être attribués à d'autres problèmes adolescents et certains sont des manifestations normales de l'adolescence. En cas de doute, fiez-vous à votre intuition et demandez l'avis d'un professionnel.

STRATÉGIES D'ADAPTATION POUR LES PARENTS

- Il est essentiel que les parents établissent des limites sécuritaires et fermes. Un adolescent en confiance, positivement connecté à des parents compétents et déterminés et qui a un niveau sécuritaire et sain de confiance en soi n'est pas sujet à être la proie des effets négatifs à long terme de l'usage et de l'abus de substances.

- Rappelez-vous que vos adolescents sont très susceptibles d'expérimenter. Rappelez-vous où se trouve votre bouton PAUSE et gardez le contrôle. Votre façon de gérer les expériences de vos adolescents dans ce nouveau monde de liberté et de choix, tentant et excitant, déterminera dans une large mesure l'éventuelle issue pour vous et vos adolescents.

- Dès le tout premier accrochage, assurez-vous d'établir des limites claires et sans ambiguïté. Une approche vague en *laissez aller* peut conduire à un adolescent qui aura compris que vous n'avez pas le contrôle et que vous ne pensez pas ce que vous dites. La toute première fois que votre adolescent est pris à expérimenter une drogue, énoncez clairement ce que seront les futures conséquences pour avoir fait des choix aussi mal avisés.

- Rappelez-vous que, chaque fois que vous vous apitoyez sur le sort de votre enfant, excusez son comportement, lui évitez les conséquences de son comportement inacceptable, vous êtes en réalité complice de son comportement. Cela évite à votre adolescent de tirer les leçons de la vie concernant le fait de commettre des erreurs et d'inculquer les habiletés de résilience après avoir affronté les conséquences.

- Il est rarement trop tard pour refaire ses devoirs : plus longtemps l'adolescent est contrôlé sans cohérence, plus c'est difficile. Le monde est malheureusement truffé d'adultes qui abusent de substances parce qu'ils n'ont pas été parentés efficacement quand les symptômes de leur dépendance se sont d'abord manifestés. Il y a beaucoup de parents stressés et malheureux qui portent le fardeau des répercussions continues d'abus de substances de leurs enfants qui sont maintenant adultes.

- Si votre adolescent qui, vous en êtes certain, utilise des drogues, fait la sourde oreille malgré vos attentions les plus gentilles et empathiques pour l'atteindre, vous devrez alors passer à la vitesse supérieure et adopter la ligne dure. Vous devez dire très clairement qu'une fois que la confiance est brisée, vous, comme parents et directeurs généraux (DG) du foyer, avez le pouvoir de procéder à des vérifications ponctuelles des chambres, sacs, cellulaires et contacts sur les ordinateurs. Ne vous laissez pas intimider par la colère de votre adolescent. Vous pouvez aussi avoir recours à l'écoute empathique, comme : « Je comprends que tu sois fâchée quand je fouille tes armoires, mais la confiance a été brisée et c'est à toi de la regagner.»

- Vous devrez peut-être insister sur des tests de dépistage de drogue aléatoires. Votre médecin ou votre centre de services sociaux le plus proche peuvent vous conseiller quant à la meilleure façon de vous assurer que cela soit fait de la manière la plus professionnelle et la plus fiable possible.

- Tout en demeurant fermement cohérent eu égard à la ligne dure, il est très important de travailler très fort simultanément à rebâtir des ponts entre vous et lui. Cet adolescent chancelant, souvent malheureux et confus, a besoin de savoir que vous pouvez encore l'aimer et l'apprécier, tout en demeurant inébranlable en ce qui concerne les limites. Il a besoin de savoir que les portes de la communication sont toujours ouvertes et que la reconnexion est toujours possible, que vous rejetez son comportement, mais non sa personne, que vous êtes là pour lui prendre la main quand il sera prêt à l'accepter.

Et, finalement, quand vous sentez vraiment que vous ne pouvez pas relever le défi, demandez l'aide d'un professionnel. N'attendez pas que le problème soit à ce point ancré que tout ce que vous vous sentez capable de faire, c'est de démissionner de votre poste de parent. Néanmoins, même si vous atteignez un tel état de désespoir, il existe une aide plus sérieuse disponible sous la forme de groupes comme celui qui suit.

TOUGHLOVE : L'AUTRE EXTRÉMITÉ DU SPECTRE DU PARENTAGE

Quand des parents désespérés ont essayé tout ce qui était en leur pouvoir pour restreindre le comportement destructeur, et souvent illégal, de leur adolescent, quand toutes les limites ont été testées et mises à rude épreuve, quand la dépendance à la drogue a conduit au vol et au mensonge et que toutes les tentatives d'imposer des conséquences conduisent à la déception, la frustration et l'échec, il est temps d'engager la dernière vitesse du parentage. Essentiellement, l'approche ToughLove implique d'autoriser l'adolescent à faire l'expérience de la conséquence ultime du refus, ou de l'incapacité, d'apprendre des conséquences plus modérées de son comportement inacceptable. Cela peut signifier qu'il est confronté à des programmes de réhabilitation ou même, dans des cas plus graves, qu'il s'expose au système de justice criminel.

Qu'est-ce que ToughLove ?

Ce qui suit est un extrait d'une lettre envoyée à un leader ou membre d'un groupe potentiel par Gordon Dewar, directeur de ToughLove en Afrique du Sud.

Le programme ToughLove a été lancé aux États-Unis il y a plus de 20 ans par David et Phyllis York, des conseillers professionnels qui vivaient des problèmes dans leur propre famille. Les York étaient des thérapeutes familiaux qui travaillaient dans l'un des plus célèbres centres de réhabilitation de l'époque, formant des conseillers, travaillant avec les clients et leurs familles et exerçant en pratique privée en plus d'être formateurs à la State Drug and Alcohol de Pennsylvanie.

Tout en acquérant une réputation d'experts dans leur domaine, ils éprouvaient les mêmes types de problèmes que leurs clients : leurs enfants étaient hors de contrôle. Ils avaient tout essayé, mais rien ne fonctionnait et les choses empirèrent quand une de leurs filles fut arrêtée pour vol à main armée. Les York demandèrent alors à d'autres adultes d'intervenir à leur place. Ils adoptèrent une position qui disait : *« Nous ne tolérerons pas une criminelle dans notre maison. »* Leurs adultes de soutien allèrent à la prison, décidèrent quand apporter des vêtements, des cigarettes, de l'argent, etc.

Les adultes de soutien apportèrent l'argent pour la caution quand cela fut approprié et dirent à la fille ce qu'elle devait faire pour revenir à la maison : suivre un programme de désintoxication et se trouver un emploi. Plus important encore, ils lui apportèrent un soutien constant pour l'aider à faire les changements nécessaires. Les adultes de soutien gardèrent les parents (les York) informés de ses progrès, leur laissant savoir que leur fille allait bien.

Finalement, leur plan fonctionna : leur fille commença à changer et réussit à avoir un comportement acceptable. Les York lancèrent un groupe de soutien pour les parents de leurs clients, puis écrivirent un manuel pour que d'autres parents forment des groupes d'entraide.

ToughLove est une organisation d'entraide qui offre une formation continue et un soutien actif aux familles, en encourageant les parents et les jeunes gens à prendre la responsabilité de leurs actions. Des réseaux de soutien s'efforcent de faire des communautés des lieux plus sécuritaires où vivre.

ToughLove…
- Ne préconise pas et n'encourage pas qu'on mette les enfants à la porte.
- Ne préconise pas et n'encourage pas la violence contre les enfants ou les parents.
- Ne préconise pas et n'encourage pas l'abus verbal.
- N'offre pas une solution instantanée. Votre situation a mis du temps à se développer, il faudra du temps pour inverser le processus.

Ce que nous sommes… ce que nous ne sommes pas.
- Nous sommes un groupe de soutien, non un groupe de thérapie.
- Nous nous occupons des comportements, pas des émotions, même si les émotions sont prises en compte et respectées.
- Nous n'agissons pas comme conseillers professionnels. Chaque groupe peut recommander les professionnels de sa propre liste de ressources.
- Nous ne sommes affiliés à aucun groupe religieux ou politique.
- Nous ne pouvons pas donner de réponse immédiate aux problèmes ; par contre, nous pouvons montrer aux parents qu'ils ne sont pas seuls, qu'ils ont des droits et de la valeur et qu'ils méritent d'être traités avec respect.
- Nous avons un « processus de changement » qui peut être utilisé comme guide.
- Nous offrons la confrontation positive et un soutien sélectif pour vous aider à faire des changements pour vous-même et votre bien-être, puis pour la personne qui vous cause des problèmes.
- Nous ne donnons aucune garantie.
- Nous ne disons pas aux gens quoi faire. Nous offrons des suggestions, de l'espoir et du partage. Ce ne sont pas des prescriptions ; vous faites vos propres plans et vous recevez le soutien du groupe pour aller de l'avant avec vos décisions.

Le programme ToughLove est une solution aimante pour les parents/amis/époux/frères/sœurs dont les vies et les ressources sont menacées par le comportement inacceptable d'un être cher. Ce programme combine philosophie et action qui, ensemble, peuvent aider des familles à changer et à retrouver le contrôle de leur vie.

Le programme ToughLove implique que nous permettons à cette personne qui cause des problèmes d'assumer les conséquences de son comportement et de ses choix peu importe combien nous voulons la protéger. Nous espérons que cela vous donne une idée de la manière dont ToughLove fonctionne. De grâce, n'ayez pas peur, il est vraiment très pratique et il fonctionne.

Le principe fondamental du mouvement ToughLove est que des parents harcelés ont aussi des droits, et qu'ils ont besoin de prendre de l'assurance et de retrouver une partie du pouvoir et du contrôle qu'ils ont cédés à leurs enfants incontrôlables.

CHARTE DES DROITS DES PARENTS DE TOUGHLOVE

Vous avez droit à une nuit de sommeil sans…
- *vous inquiéter du lieu où se trouve votre enfant ;*
- *être éveillé par votre enfant qui entre ivre, drogué, etc.;*
- *recevoir des appels d'urgence de la police, de l'hôpital ou de membres de la famille dérangés.*

Vous avez le droit de…
- *vivre dans une maison propre ;*
- *vous attendre à de la coopération et à de la courtoisie dans votre maison ;*
- *vous attendre à un comportement responsable de la part des enfants de votre famille, quel que soit leur âge ;*
- *ne pas payer les contraventions et amendes des autres ;*
- *commencer à prendre soin de vous ;*
- *changer votre comportement que votre enfant n'aime pas.*

Vous avez le droit de ne pas être traité méchamment ou inconsidérément par votre enfant. Aimer votre enfant n'est pas une excuse pour accepter un comportement grossier, violent ou inconsidéré. Aidez vos enfants à apprendre vos droits. Si vous ne vous assurez pas que vos droits sont respectés, vous ne pouvez attendre des autres, même vos enfants, qu'ils les respecteront.

Outre les États-Unis et l'Afrique du Sud, ToughLove est présent aussi en Australie et dans l'ouest du Canada, notamment en Alberta. À ce jour, les groupes de soutien ToughLove ne semblent pas être implantés au Québec ni en France.

Enfin, si votre relation avec votre adolescent/jeune adulte a atteint un niveau très bas, où appliquer les principes de ToughLove est tout ce que vous pouvez faire pour essayer de lui faire comprendre que vos limites sont vraiment sérieuses, et que vous ne savez simplement pas comment vous reconnecter et soigner la blessure et la déception que vous ressentez tous les deux, vous pouvez encore atteindre votre enfant et lui faire comprendre clairement que votre porte sera toujours ouverte s'il est disposé à entrer.

La citation qui suit de Stephen Levine m'a rappelé que, parfois, nous attendons trop longtemps pour faire cet appel qui peut nous reconnecter.

«Si vous étiez sur le point de mourir bientôt et que vous ne puissiez téléphoner qu'à une seule personne, qui appelleriez-vous et que lui diriez-vous? Et pourquoi attendez-vous?»

RÉSUMÉ

Ce chapitre a traité de certains problèmes des comportements adolescents parmi les plus graves.

- On doit se rappeler que les adolescents sont avides d'excitations et motivés à l'idée de pousser les limites et de goûter au fruit défendu. Cela mène la plupart des adolescents à des problèmes graves, comme fumer la cigarette, consommer des drogues et de l'alcool.
- Beaucoup d'adolescents feront l'expérience de ces substances illégales et, quand elles seront difficiles à obtenir, ils peuvent se tourner vers des substances faciles à se procurer et légalement disponibles, comme les médicaments en vente libre.

- Un résumé de certains facteurs de risque et des conséquences.
  - Les modèles de communication fermés, rigides et inflexibles. Les méthodes de parentage autocratiques.
  - Les parents surchargés avec leurs propres problèmes et, par conséquent, non disponibles pour leurs adolescents.
  - Les parents trop permissifs qui établissent des limites et règles vagues et incohérentes.
  - Les adolescents qui ont une piètre estime de soi sont plus exposés aux influences de la pression des pairs.
  - Piètre modèle du rôle de l'adulte.
  - Il est important pour les adolescents de prendre connaissance par eux-mêmes des symptômes physiques, sociaux et émotionnels de l'abus de substances.
  - L'aspect le plus essentiel de l'usage et de l'abus de substances est que les parents donnent suite avec des conséquences cohérentes et très fermes quand un adolescent brise les règles non négociables en ce qui a trait à la consommation de drogues.
  - Quand toutes les stratégies normales continuent à échouer, les mesures plus extrêmes de ToughLove (ou de tout autre groupe de soutien équivalent) doivent ensuite être appliquées.

Le côté plus sombre de l'adolescence

La plupart des graves problèmes tournent autour de la dépression

Comme je l'ai déclaré à maintes reprises, ce livre vise d'abord la *prévention*. Il n'y a aucun doute que, quand les enfants ont été parentés efficacement durant les premières années d'enfance, les défis et les problèmes de l'adolescence devraient graviter surtout autour des comportements adolescents normaux déjà discutés. Même les expériences de drogues et d'alcool peuvent être considérées à l'intérieur des paramètres de l'expérimentation adolescente normale et le besoin d'excitation et d'acceptation par le groupe de pairs.

Dans ce chapitre, j'aborderai brièvement certains problèmes plus sérieux qui peuvent se manifester durant l'adolescence (ou, tristement, la préadolescence). Je ne peux pas leur donner la profondeur ou l'attention que chacun requiert, mais j'estime qu'il est nécessaire d'esquisser à grands traits certains éventuels signes avant-coureurs et quelques causes courantes.

> «*Mes parents avaient leurs propres problèmes. Il semblait que personne ne s'en souciait ou ne comprenait vraiment. Personne n'écoutait. Quand j'avais 10 ans environ, je sais que j'étais en 4ᵉ année, j'ai commencé à me haïr. En 1ʳᵉ secondaire, j'ai commencé à me comparer aux autres filles, celles qui étaient populaires. Il y avait une fille qui était tout simplement parfaite: grande, belle, mince, intelligente et bonne en sports. Tout ce que je voulais, c'était lui ressembler. J'ai commencé à vivre des journées où j'étais si déprimée que je trouvais difficile d'aller à l'école. C'est alors je suis devenue boulimique et que j'ai commencé à me couper. Quand j'y pense, maintenant, je crois que c'était une façon de me punir parce que j'étais si ordinaire et sans attraits.*»
>
> (Extrait d'une interview avec une adolescente de 15 ans, guérie de la boulimie)

QU'EST-CE QUE LA DÉPRESSION ADOLESCENTE ?

Selon l'American Academy of Child and Adolescent Psychiatry:

> «*Une dépression significative existe probablement chez environ 5% des enfants et des adolescents dans la population en général. Les jeunes dans les hôpitaux et les centres d'éducation spéciaux atteignent des taux plus élevés.*»

Le taux de dépressions aujourd'hui est sans doute plus élevé qu'auparavant, car les adolescents sont affectés négativement par le taux élevé de divorces et l'éclatement de la famille qui en résulte, le manque de modèles positifs, la criminalité juvénile plus répandue et les statistiques démotivantes en ce qui a trait à un futur emploi.

Déjà stressés par les changements hormonaux, les sautes d'humeur, la spirale descendante de l'estime de soi et la confusion face à la pression des pairs et le conflit des valeurs avec les adultes, les adolescents peuvent très facilement s'orienter vers l'extrémité plus sombre de la gamme des humeurs et manifester des symptômes de dépression.

Quels sont les symptômes
de la dépression chez les adolescents ?

- Tristesse persistante et humeur maussade.
- Aucune joie face à des activités auparavant préférées.
- Plaintes de maux physiques, comme des maux de tête ou d'estomac.
- Absences fréquentes de l'école ou piètre performance scolaire.
- Ennui persistant, énergie faible, problèmes de concentration.
- Changements importants dans les schémas alimentaires/de sommeil.

L'adolescent qui était sociable et extraverti peut commencer à se replier sur soi et passer de plus en plus de temps seul. La vie semblant être un fardeau, il est rarement joyeux et optimiste. Il commence à s'identifier à la mort : il s'habille en noir, il écrit des poèmes et des essais sur la mort et mourir.

L'adolescent dépressif cherche souvent des « béquilles » dans un effort pour engourdir la douleur émotionnelle. Il pourrait les trouver dans la drogue ou l'alcool, l'automutilation et possiblement les troubles de l'alimentation. Les adolescents qui commencent à s'extérioriser par des comportements inacceptables pourraient en réalité tenter d'attirer l'attention sur leur détresse émotionnelle.

Malheureusement, si on continue d'étiqueter négativement ces adolescents profondément bouleversés et troublés et de réagir à leur comportement de façon sévère et punitive, ils ont presque toutes les chances de continuer leur chemin vers la partie sombre du baromètre du comportement adolescent. L'adolescent dépressif qui « met le paquet » est alors assez semblable au tout-petit de deux ans qui tempête et pique une crise. Ce dont ils ont tous deux besoin désespérément, c'est quelqu'un qui prenne vraiment le temps de décoder les manifestations extérieures de leurs sentiments et entre en contact avec les sentiments vrais, douloureux et confus à l'intérieur.

Avertissement !

N'oubliez pas que les sautes d'humeur font partie des turbulences de l'adolescence. Les adolescents deviennent préoccupés et absorbés par eux-mêmes. Ils s'embrasent apparemment sous l'effet de déclencheurs anodins et disent des choses comme : « Je serais mieux mort », ou « Ma vie ne vaut pas la peine d'être vécue », quand les parents leur défendent d'aller là où ils veulent aller de toute urgence. Par conséquent, méfiez-vous de sombrer dans la paranoïa et de réagir avec excès à ces manifestations très normales de la révolte adolescente. Néanmoins, quand votre intuition commence à vous dire que tout ne va pas bien, il est toujours préférable d'être trop prudent et de consulter un professionnel.

TROUBLES DE L'ALIMENTATION

On a beaucoup écrit sur ces maux très troublants qui peuvent souvent mettre la vie en péril. Comme c'est le cas avec d'autres maladies et troubles graves qui peuvent gâcher le cours normal de la vie d'un enfant ou d'un adolescent en santé, son développement physique et psychologique, il y a une pléthore de théories au sujet des causes sous-jacentes et des déclencheurs probables.

D'autres explications possibles sont que les enfants, surtout les filles présentant un caractère plus perfectionniste, recherchant la réussite, l'intensité et manifestant une forte tendance compétitive, sont plus susceptibles d'être la proie de ces troubles. Les adolescentes souffrant de troubles alimentaires sont souvent des étudiantes hautement performantes, des premières de classe engagées dans les activités scolaires et les sports et populaires auprès de leurs pairs. Elles trouvent souvent leur identité personnelle dans la réussite et la performance. Souvent, elles ont aussi un comportement conciliant en ce qu'elles s'entendent avec leurs parents et causent rarement des problèmes. Un autre problème sous-jacent peut être un enfant ou un adolescent qui a des tendances compulsives ou qui est contrôlant et enclin à être rigide et extrêmement organisé. On pense aussi que les troubles de l'alimentation résultent d'un type de parentage contrôlant et anxieux avec excès, dans lequel l'adolescent(e) réalise que c'est un domaine de sa vie qu'il peut contrôler et que le parent ne peut le forcer à manger.

Mon Dieu, que tu es ronde...

L'anxiété et la tension permanente deviennent un renforcement puissant à cette capacité de l'enfant/adolescent de montrer aux parents qu'il ne se laissera pas contrôlé. Évidemment, l'influence des médias doit aussi être prise en compte. La tendance concernant l'accent mis sur les mannequins ultraminces et l'objectif de porter des vêtements de taille 0, ainsi que les retouches des photos des mannequins de magazines en vue de les faire paraître sans défauts, sans gras et sans cellulite, ont soulevé de grandes inquiétudes au sein des professionnels de la santé, eu égard au développement physique et mental des enfants et des adolescents.

Des enfants aussi jeunes que cinq ans commencent à être soucieux de leur corps. Ils surveillent leurs modèles principaux (habituellement leurs parents) et les voient faire de l'exercice frénétiquement au gym tout en ne mangeant rien d'autre que des salades et en ne buvant que des boissons diète. Ils deviennent ensuite anxieux quand ils commencent à développer des corps d'adolescents, avec du gras apparaissant là où ils sentent qu'il ne devrait pas y en avoir. Les parents des préadolescentes devraient être très prudents quand ils font des commentaires comme «Mon Dieu, tu engraisses», ou en embarrassant l'enfant en mettant le doigt dans le renflement du ventre, etc. Cela aura un effet dévastateur sur l'image de soi et manger pourrait alors devenir une zone de confort et un problème de poids/diète à long terme peut s'installer.

J'ai conseillé beaucoup d'adolescents, surtout des filles, et ce qui suit est un compte rendu tiré directement de mes notes.

«J'ai toujours été une enfant plutôt potelée. Les gens passaient des remarques sur mes rondeurs. Je me rappelle que je détestais ça. Ma sœur était plus mince et pouvait manger ce qu'elle voulait sans jamais prendre un gramme. Quand j'ai eu 12 ans, j'ai commencé à lire sur les diètes et c'est alors que j'ai compris que je devrais couper les aliments engraissants. C'était un sentiment d'une telle puissance. Je pouvais voir et sentir que je devenais plus mince. Puis j'ai commencé à me sentir coupable chaque fois que je mangeais. Cela me consumait: je pensais toute la journée à la nourriture et, surtout, à des moyens de l'éviter. Mes parents, surtout ma mère, commencèrent à me harceler et à me pousser à manger. Je me sentais tellement puissante: savoir que je pouvais contrôler cela était d'une importance suprême. Ensuite, j'ai eu un besoin maladif d'aliments. Je grignotais aux repas… puis j'ai commencé à ingurgiter beaucoup de nourriture. C'était un terrible cercle vicieux, parce qu'alors je me détestais. Je prenais donc ensuite du sel d'Epsom pour me débarrasser de mon crime. Je ne suis jamais devenue vraiment boulimique. J'essaie maintenant de revenir à des habitudes alimentaires plus correctes, mais je pense que j'essaierai toujours d'être mince et de contrôler ce que je mange.»

Une grave maladie psychiatrique

Les troubles de l'alimentation sont considérés comme de graves maladies psychiatriques et il y a habituellement d'autres troubles psychologiques associés qui coexistent avec l'anorexie, la boulimie ou la suralimentation. En fait, plus longtemps une personne souffre de l'un ou l'autre de ces troubles, plus elle est sujette à souffrir aussi de dépression ou d'anxiété. En outre, certaines personnes souffrant de troubles de l'alimentation peuvent aussi présenter d'autres dépendances ou d'autres comportements auto-destructeurs. Tout comme un trouble alimentaire peut être une réaction à une piètre estime de soi et un moyen négatif de faire face à la vie et au stress, d'autres types de dépendances le sont aussi. En fait, selon la Classification statistique internationale des maladies (CIM-10), les troubles alimentaires sont classés dans les catégories F50,0 à F50,9.

Qu'est-ce que l'anorexie?

L'anorexie est un acte d'autoprivation. La plupart des anorexiques sont des femmes qui ont entre 12 et 25 ans. On ne compte que 15 % d'hommes, mais il n'y a pas de données exactes. La plupart des ano-rexiques se privent de nourriture parce qu'elles veulent désespérément être minces et arriver à contrôler leur poids. Ce qui peut impliquer de se priver jusqu'à atteindre 15 % de moins que le poids approprié. Les anorexiques poussent la diète à l'extrême et trouvent que se priver est la seule manière d'être minces, et de le rester. L'anorexie est une maladie mentale qui implique que la personne est obsédée par la peur de deve-nir obèse ou grasse. Typiquement, les anorexiques ont une image faussée du corps dans laquelle, quoiqu'elles n'aient plus que la peau et les os, elles se voient laides et grasses.

Les anorexiques trouvent toujours des moyens pour sauter les repas. Elles prendront de petites portions pour donner l'impression qu'elles mangent, ou elles mâcheront et mâcheront encore pour s'éviter d'ava-ler. Les anorexiques font de l'exercice continuellement pour perdre du poids ; en fait, faire de l'exercice et éviter la nourriture deviennent des obsessions.

Qu'est-ce que la boulimie?

La boulimie consiste à manger jusqu'à ce qu'on ne puisse plus man-ger, puis se purger ou vomir. La boulimie est deux fois plus fréquente que l'anorexie, mais plus difficile à détecter parce que les boulimiques *mangent* et qu'ils ne perdent pas de poids aussi radicalement que les anorexiques. Les boulimiques se détestent après s'être empiffrés et, pour éviter de prendre du poids, ils se purgent en utilisant des quantités excessives de laxatifs et ils se forcent à vomir. Ils deviennent secrets, disparaissant après les repas et évitant les contacts pour essayer de cacher les signes évidents de leur orgie alimentaire et de leur vomissement. Bien des supercheries entourent la nourriture : les boulimiques en cachent afin que la famille ne remarque pas sa disparition.

Vomir à répétition peut endommager l'œsophage. Ce dernier est un tube musculaire qui porte la nourriture de la bouche à l'estomac et vomir à répétition peut déchirer et provoquer le saignement des parois, au point d'entraîner la mort. La perte d'eau et de minéraux peut causer une grave déshydratation.

Composer avec une adolescente qui souffre d'un trouble alimentaire

- Ne faites pas du repas un affrontement.
- Ne la regardez pas manger ou ne passez pas de commentaires sur la quantité, etc.
- Ne devenez pas le policier de votre adolescente.
- Attendez-vous à ce que votre adolescente soit avec vous à l'heure des repas, mais ne vous attendez pas à ce qu'elle mange.
- Ne permettez pas aux habitudes alimentaires de votre adolescente de dominer l'heure des repas familiaux.
- Conservez un rôle de soutien, de confiance et d'espoir.
- Restez connecté émotionnellement. Intéressez-vous à autre chose, chez votre adolescente, qu'à ses problèmes de poids.
- Travaillez sur une communication claire, attentive et déterminée.
- N'ayez pas peur de mettre en place des limites fermes.
- Ne croyez pas votre adolescente quand elle affirme qu'elle n'a pas besoin de traitement.
- Recherchez un traitement chez des professionnels très qualifiés. La participation à une thérapie familiale est aussi recommandée.
- Ne permettez pas à votre adolescente de perturber votre vie par la manipulation, les menaces ou le blâme.
- Ne vous sentez pas coupable.

• Ne protégez pas votre adolescente des conséquences naturelles du trouble alimentaire, car ils peuvent l'aider dans le processus de guérison.

L'AUTOMUTILATION

L'automutilation, c'est endommager délibérément les tissus du corps, sans tenter consciemment de commettre un suicide. Comme les troubles de l'alimentation, elle devient un mécanisme de compensation pour faire face à des étapes de la vie stressantes et compliquées. Quelle que soit la douleur psychique ressentie par la personne, que ce soit des problèmes familiaux, un manque de connexion émotionnelle, de la négligence ou une piètre estime de soi, les sentiments insupportables ne semblent être libérés et temporairement oubliés que par la douleur qu'entraîne l'automutilation.

Qu'est-ce qui cause ce besoin désespéré de libérer sa douleur intérieure ?

Dans les foyers de ces adolescents, il y a souvent des éléments dysfonctionnels graves caractérisés par la violence, des relations parentales tumultueuses, un manque de chaleur affective et une tendance à refouler toute expression de colère (souvent due à des types de parentage rigides et contrôlants). La dépression parentale, l'abus de substances ou des divorces hostiles peuvent amener les enfants à ressentir de l'insécurité et une absence de lien affectif significatif. Se couper, ou se lacérer, peut être vu comme un moyen d'exprimer sa colère ou sa détresse aux autres quand il ne semble pas y avoir d'autre façon.

La tendance au perfectionnisme extrême ou une piètre estime de soi chronique peut mener des adolescents de familles qui fonctionnent relativement bien à sentir qu'ils doivent se punir pour leurs propres imperfections. L'automutilation peut aussi imprégner celui qui commet le geste d'une impression de force et de contrôle simplement parce qu'il peut endurer la douleur qu'il s'inflige.

« *Ça n'avait rien à voir avec la façon d'être de mes parents. Oh, j'étais fâchée contre eux et je trouvais ma mère, surtout, totalement irritante. Elle essayait toujours d'être mon amie et elle utilisait tous ces mots creux pour que je lui parle. La vraie raison pour laquelle j'ai commencé à me couper, c'était que je me sentais tellement inutile. Je n'étais pas très bonne à quoi que ce soit. Je n'étais pas très jolie et quand quelqu'un de ma classe m'appela la grosse, ce fut la goutte qui fit déborder le vase. Je savais vraiment que je n'étais pas grosse, mais je n'étais pas mince non plus. Quand je me regardais dans le miroir, je détestais ce que je voyais. Je pouvais tailler ces petites lignes dans mes bras et me dire que je méritais la douleur parce que j'étais une telle perte de temps.* »*

(Déclaration d'une fille de 16 ans, qui s'est mutilée pendant plus d'un an à 14 ans, et qui est maintenant totalement guérie.)

Dès que les parents deviennent conscients de ce problème, on devrait demander l'aide d'un professionnel immédiatement.

SUICIDE ADOLESCENT

Le suicide adolescent est le pire cauchemar de tout parent. Qu'un adolescent puisse être si insupportablement malheureux qu'il choisirait de se tuer est quelque chose qui est presque trop douloureux pour qu'un parent y pense. Par contre, avec l'augmentation de la prévalence des suicides adolescents, aucun parent ne peut se permettre d'en ignorer la possibilité. Avant le milieu des années 1970, le suicide chez les adolescents était un événement rare, mais 1 adolescent sur 10 envisage de se suicider de nos jours… et le taux est à la hausse.

Quand l'adolescent semble s'enfoncer plus profondément dans les abysses de la dépression et du repli sur soi – surtout l'adolescent qui ne communique pas ses sentiments –, un parent doit devenir très conscient de la détresse que vit son enfant.

Nombre de signes et de symptômes des sentiments suicidaires sont semblables à ceux de la dépression.

• Modifier ses habitudes alimentaires et de sommeil.
• S'éloigner de ses amis, sa famille, de ses activités habituelles.

- Actions violentes, comportement rebelle, fuites (ou fugues).
- Usage excessif de drogues et d'alcool.
- Changement marqué dans la personnalité.
- Négligence inhabituelle dans l'apparence personnelle.
- Ennui persistant, difficultés de concentration, résultats médiocres dans les travaux scolaires.
- Perte d'intérêt dans les activités plaisantes.
- Plaintes fréquentes à propos de symptômes physiques reliés aux émotions, comme les maux d'estomac, les maux de tête, la fatigue, etc.
- Intolérance vis-à-vis des éloges ou des récompenses.

Un adolescent qui envisage de se suicider peut aussi présenter les symptômes suivants.
- Se plaindre d'être une mauvaise personne ou de se sentir pourri à l'intérieur.
- Fournir des indices verbaux avec des phrases comme : « Je ne serai plus longtemps un problème », ou « Ça n'a pas d'importance grave, ça ne sert à rien », et « Je ne vous reverrai pas ».
- Mettre ses affaires en ordre. Donner ses biens. Jeter des biens aimés.
- Devenir soudain joyeux après une période de dépression.
- Manifester des signes de psychoses (hallucinations ou pensées bizarres).

La plupart des adolescents interviewés après une tentative de suicide disent qu'ils l'ont fait parce qu'ils essayaient d'échapper à une situation qui semblait impossible à gérer ou pour laquelle ils n'arrivaient simplement pas à trouver une solution. Ils ne voulaient pas vraiment mourir autant qu'ils voulaient échapper à ce qui arrivait. Et, à ce moment particulier, mourir semblait être la seule issue possible.

Ce peut être très inquiétant pour des parents quand leur adolescent, semblant fâché désespérément qu'on lui impose des conséquences, utilise des phrases comme : « Je serais aussi bien mort », ou « Si vous m'arrêtez, je vais m'entailler les poignets quand vous serez sortis ». C'est dans de tels moments que les parents stressés peuvent devoir utiliser leur plus calme empathie, équilibrée avec de la fermeté. Si un ou plus des signes avant-coureurs mentionnés ci-dessus se présentent, parlez de votre inquiétude avec votre adolescent et demandez une aide professionnelle à un médecin et à un professionnel qualifié en santé mentale. Avec le soutien de la famille et

*un traitement approprié, l'adolescent qui présente des tendances suicidaires
peut être soigné et retrouver un développement plus sain.*

Une personne en dépression grave peut, parfois, planifier son suicide
à l'avance. Souvent, toutefois, les tentatives de suicide arrivent impulsivement, dans un moment de désespoir ou de désarroi. Gardez à
l'esprit que les adolescents réagissent souvent impulsivement et sans
égard pour les conséquences à long terme ; des situations comme la
rupture d'une relation significative, un conflit grave avec un parent ou
la peur des conséquences d'erreurs graves peuvent mener à la décision
impulsive d'échapper à des problèmes qui paraissent insurmontables.
Particulièrement dans les cas où une dépression existe déjà, des incidents comme avoir un accident en conduisant l'auto du parent sans
permission, ne pas réussir un examen et redouter les répercussions, ou la
victimisation systématique et l'intimidation peuvent agir comme la goutte
qui fait déborder le vase dans une vie qui semble déjà être trop stressante et dénuée d'espoir.

QUE PEUVENT FAIRE LES PARENTS ?

Avant de jeter ce livre avec horreur, après avoir lu cette litanie des nombreux problèmes et enjeux qui peuvent se manifester durant le voyage
de votre adolescent vers une vie adulte bien adaptée, prenez une profonde respiration et poursuivez la lecture.

- Rappelez-vous que c'est votre enfant pour la vie, pour le meilleur ou
  pour le pire. Votre relation parent/enfant peut sembler être irrémédia-
  blement rompue et votre motivation à continuer d'essayer peut être à
  son plus bas, mais il n'est jamais trop tard pour se reconnecter.
- Il est essentiel que, tout en travaillant sur les règles et limites non
  négociables, vous travailliez simultanément sur les habiletés de base
  pour bâtir une relation.
- Les habiletés les plus importantes seront la capacité de manifester
  de l'empathie, tandis que vous resterez catégoriquement cohérent
  et ferme en ce qui a trait aux règles. Beaucoup des problèmes
  adolescents les plus graves sont dus à l'incapacité des parents de
  permettre à leur adolescent de prendre la responsabilité de ses
  erreurs. S'apitoyer sur le sort de l'adolescent et l'empêcher ensuite
  de faire face aux conséquences de ses choix mal avisés, ne feront

qu'aggraver le problème et empêcheront involontairement l'adolescent de comprendre que, pour être un adulte mature, il doit prendre la responsabilité de ses actes.

- Demandez l'aide d'un professionnel dès que les signes inquiétants apparaissent. Certains parents tergiversent sur la décision à cause de la crainte de l'inconnu ou dans le but d'éviter de faire face à la réalité du problème dans la famille. Rappelez-vous les paroles de R. D. Laing, dans son travail avec les familles dysfonctionnelles : *«Les secrets dévoilés. Tout le monde les connaît, mais personne n'est supposé savoir que tout le monde le sait.»*

- Très souvent, l'enfant/adolescent qui s'extériorise manifeste les symptômes de tous les problèmes refoulés qui ont besoin d'être gérés dans la famille. Les rôles s'enracinent. Le «bon enfant» peut rester bon parce que le «mauvais enfant» extériorise toute la colère et la rébellion qui ont besoin d'être exprimées. Le thérapeute/conseiller avisé devrait guider la famille vers des façons plus positives et plus fonctionnelles de faire face et d'entrer en relation les uns avec les autres.

- L'adolescent qui s'extériorise est habituellement plus facile à diagnostiquer et à traiter. L'abus de drogues et d'alcool, l'automutilation et les troubles de l'alimentation sont au moins ouvertement manifestés, peu importe combien ils sont graves et épuisants physiquement et émotionnellement. La dépression et les pensées suicidaires sont un problème plus profond, car elles sont plus difficiles à détecter, particulièrement parce que l'adolescent peut s'isoler et se replier sur lui-même comme une manifestation normale de son stade de développement. Rester connecté et être un observateur empathique (en se syntonisant sur son langage corporel, décodant son comportement et étant attentif aux signes avant-coureurs) sont des habiletés parentales essentielles durant les années d'adolescence de votre enfant.

- Ne soyez pas trop dur avec vous-même : il est si difficile pour les parents d'éviter de se blâmer eux-mêmes pour les problèmes de leur adolescent. Des conflits naissent souvent entre les parents et leur adolescent parce qu'ils se blâment les uns les autres du comportement de l'adolescent. «Tu ne m'as pas écouté quand je t'ai dit que j'avais des problèmes avec Frédéric. Tu l'as toujours laissé s'en sortir. Tu ne sais simplement pas comment être cohérent. Tu dis qu'il ne sortira pas, puis tu cèdes quand il fait sa crise.» Puis la réplique colérique : «Bien, mais ta façon de faire n'a sûrement jamais fonctionné. Tu ne crois qu'aux menaces et aux raclées. Tu le terrifiais et maintenant il pense que tu ne cherches qu'à tout contrôler.» Et ainsi de suite… exacerbant tout simplement le manque de discipline claire, cohérente et appropriée à l'âge.

Les parents d'adolescents difficiles à atteindre doivent comprendre que certains adolescents tomberont dans le panneau, peu importe combien ces parents sont bien intentionnés.

Il est urgent de demander de l'aide; acceptez la situation comme elle est, mais refusez de lui permettre d'aller de l'avant. Cela nous ramènera au début, à cet endroit sur l'échelle où nous réalisons que nous avons le pouvoir et la liberté de choisir les réponses. Nous n'avons pas à devenir les victimes des choix mal avisés et voués à l'échec que nous avons faits dans le passé.

....

RÉSUMÉ

- Il n'est jamais agréable de discuter des problèmes les plus sombres qui peuvent amener les gens à s'enfoncer dans la dépression et le désespoir.
- À cause de la turbulence qu'entraînent les énormes changements physiques et émotionnels qui se produisent à l'adolescence, les adolescents sont des victimes faciles des sautes d'humeur et de niveaux de dépression. En fait, la plupart des problèmes les plus graves de l'adolescence tournent autour de la dépression.
- Au départ, la dépression est difficile à diagnostiquer chez l'adolescent, car le retrait et l'humeur maussade sont des caractéristiques de ce stade. Les parents doivent être vigilants devant les états de tristesse persistante ou d'humeur sombre, les changements dans les habitudes d'alimentation et de sommeil, le retrait de la conversation et les piètres résultats scolaires.
- Les parents doivent être attentifs aux signes avant-coureurs et doivent demander des conseils en ce qui a trait aux habiletés pour faire face efficacement aux troubles de l'alimentation (anorexie, boulimie ou suralimentation compulsive).
- L'automutilation, aussi difficile qu'elle soit à comprendre, est habituellement une tentative désespérée pour tenter de soulager une douleur psychique intense et elle exige l'aide d'un professionnel.

- Le suicide à l'adolescence n'est malheureusement pas aussi rare que les parents l'espéreraient. Quand un enfant/adolescent manifeste des signes de repli sur soi extrême et une augmentation des symptômes de dépression, il est urgent de demander l'aide d'un professionnel.

- Les parents doivent se rappeler que, parfois, malgré tous les efforts consentis pour rejoindre leur adolescent, il peut rester inaccessible. Il peut y avoir des problèmes génétiquement ancrés qui mènent à des niveaux chroniques d'aliénation chez l'enfant. Les parents d'un tel enfant ont alors besoin d'aide pour lâcher prise et éviter une culpabilité accablante.

Peu importe combien ma relation avec mon adolescent est devenue négative et difficile, à partir d'aujourd'hui, je trouverai la force intérieure et la détermination d'agir sur mes réactions. Je crois sincèrement que le comportement de mon adolescent commencera éventuellement à changer au contact de mon comportement, si je réagis avec plus de cohérence et de détermination. Cela n'arrivera pas du jour au lendemain; les modèles ont mis des années à s'enraciner et il faudra par conséquent du temps pour les modifier.

L'histoire qui suit est un magnifique exemple de ce qui précède.

C'EST EN FAISANT QU'ON APPREND

« Il y a quelques années, j'ai commencé à jouer du violoncelle. La plupart des gens diront que ce que je fais est "apprendre à jouer du violoncelle". Mais ces mots entretiennent dans notre esprit l'étrange idée qu'il existe deux processus différents : (1) apprendre à jouer du violoncelle; et (2) jouer du violoncelle. Ce qui implique que je ferai le premier jusqu'à ce que je l'aie complété et, à ce point, j'arrêterai le premier processus et je commencerai le second. En bref, "j'apprendrai à jouer" jusqu'à ce que "j'aie appris à jouer" et, ensuite, je commencerai à jouer. Évidemment, cela n'a aucun sens. Il n'y a pas deux processus, mais un seul. Nous apprenons à faire quelque chose en le faisant. Il n'y a pas d'autre façon. »

(John Holt)

Épilogue

Nous avons donc accompli ensemble un autre voyage de découvertes. Merci de vous être joint à moi.

Nous avons gravi l'échelle du parentage, échelon par échelon, jusqu'au neuvième et dernier barreau. En chemin, nous avons bifurqué un peu pour inclure le rôle des grands-parents et passer en revue l'impact des bouleversements familiaux sur l'adolescent en croissance. Nous étions alors en mesure d'utiliser les habiletés et les informations pour traiter des nombreux défis comportementaux que posent les adolescents. Cela a démarré avec les enjeux plus simples, plus courants, puis s'est poursuivi le long d'un spectre vers les problèmes moins courants, plus dysfonctionnels éprouvés par les adolescents.

Mon but était la prévention. Celle-ci concerne le pouvoir des parents de changer les modèles, mais aussi l'importance des limites pour fournir un encadrement sécuritaire et protégé à l'intérieur duquel les adolescents se sentent assez en confiance pour exercer les muscles de leur indépendance. Ainsi, les jeunes peuvent travailler en vue de relever avec succès le principal défi psychologique de ce stade de développement : un sens de l'autonomie et de l'identité bien intégré. Un autre thème qui jalonne ce livre est à l'effet qu'il n'est presque jamais trop tard pour changer ses attitudes et ses réactions et que la qualité de la relation parent-adolescent dépend des habiletés de communication façonnées par les adultes dans l'équation, c'est-à-dire les parents.

Le stade de l'adolescence provoque de l'appréhension, voire une crainte profonde chez la plupart des parents. Ce livre a tenté de fournir des exemples, des raisons, des stratégies et des techniques d'adaptation pour de nombreux problèmes éprouvés par les adolescents et leurs parents. En mettant en relief les habiletés et les stratégies du parentage efficace, mon objectif était de faire en sorte que vous soyez en position de force et en confiance pour relever tous les défis que votre adolescent vous posera selon toute probabilité. Je ne pouvais établir la liste de tous les comportements auxquels vous devrez faire face vraisemblablement, mais j'ai confiance que vous serez désormais mieux équipé pour généraliser ces compétences à toutes les situations imprévues qui peuvent se présenter durant les années d'adolescence.

Il ne peut jamais y avoir d'aspects négatifs sans aspects positifs et, quand j'observe autour de moi les adolescents des deux sexes, à la fois incroyables, déterminés, pleins d'espoir et enthousiastes qui émergent de leurs cocons de l'enfance/adolescence pour entrer dans la vie adulte de façon bien intégrée et positivement pratique, je suis très optimiste quant à l'avenir.

Les adolescents d'aujourd'hui sont capables de tant de choses positives.

• Ils sont plus assurés et conscients de leurs droits humains que je ne l'étais à leur âge.

• On leur a enseigné que leurs sentiments et leurs opinions sont acceptables et devraient être respectés.

• Ils sont conscients du besoin de manifester de la compassion à ceux qui sont moins privilégiés. Le volet communautaire de nombreux projets éducatifs témoigne de cette préoccupation profonde et de leur implication sociale.

• La plupart des adolescents prennent très au sérieux les problèmes de l'environnement. Ils sont souvent passionnés à l'égard des problèmes importants, comme l'effet du réchauffement planétaire sur le climat, l'économie d'énergie et le recyclage.

• L'adolescence a toujours été une période d'idéalisme. Les sentiments des jeunes d'être immortels et invincibles, qui peuvent engendrer chez leurs parents un paroxysme d'appréhension pour leur sécurité, peuvent être rafraîchissants et inspirants aussi. Les adultes blasés, cyniques, devraient puiser une certaine énergie indirecte dans l'optimisme et l'invincibilité de la jeunesse !

• Les parents souples et à l'esprit ouvert peuvent aussi apprendre beaucoup des adolescents. Souvent si francs, ceux-ci tiennent un miroir virtuel dans lequel les adultes peuvent voir franchement leur reflet. Être ouvert à la remise en question d'attitudes et de valeurs ancrées peut offrir des occasions pour la croissance personnelle que même des années de psychothérapie pourraient ne pas procurer. Je sais que ce fut par l'honnêteté du feedback de mes enfants que j'ai fait face à l'amère réalité que j'étais… une mère excessivement contrôlante et perfectionniste. Ces traits font toujours partie de mon tempérament mais j'ai heureusement appris à les gérer de façon plus positive. Cela s'applique aussi à mes opinions. Il est si facile de s'en tenir à des positions comme : « Je ne vais même pas en discuter. Tu sais ce que je pense de l'avortement et ce n'est pas demain la veille que je vais changer d'idée.» Quand vous ouvrez votre esprit et votre cœur, il n'est pas nécessaire de changer vos opinions, mais vous commencerez peut-être à comprendre les leurs et cela pourrait entraîner une compréhension plus holistique.

- La capacité de voir le monde par leurs yeux non ternis. Les adultes, ployant sous les expériences négatives et le stress, perdent leur optimisme et leur énergie créatrice. Rester lié à vos adolescents peut vous stimuler grâce à une part de leur énergie et de leur enthousiasme pour la vie.
- Ils ont toujours tant de rêves et de buts, et cela améliore leur merveilleuse conviction dans le cycle de la vie, si magnifiquement chantée dans la comédie musicale, *Le Roi lion*.

> «Il existe que deux legs durables qu'on puisse espérer faire à nos enfants. L'un d'eux, ce sont des racines et l'autre, des ailes.»
> (Hodding Carter)

Espérons-le, durant les années d'enfance, nous leurs donnons ces racines bien établies et, durant l'adolescence, nous les aidons à développer et à déployer leurs ailes pour prendre leur envol dans leur vie adulte, mais toujours en sachant que les racines sont encore là.

Mon vœu pour vous tous et toutes, c'est que vous et vos adolescents émergiez sur l'autre versant de ce stade avec des relations plus solides, et la volonté et la capacité de garder ouvertes vos lignes de communication, afin que ces «cycles de vie» continuent dans les générations à venir. À vrai dire, il n'y a rien qui soit plus gratifiant que d'avoir un lien émotionnel positif avec vos enfants adultes et leurs propres enfants.

> «Il se peut que le plus grand service social qui puisse être rendu par quiconque à son pays et à l'humanité, c'est élever une famille.»
> (George Bernard Shaw)

Remerciements

J'ai une énorme dette de gratitude envers mon mari, toujours patient et d'un soutien indéfaillible. Non seulement pour les heures et les heures de travail ardu consacrées à déchiffrer mon écriture illisible, mais encore en particulier pour son enthousiasme et ses conseils. Ce projet a été vraiment le fruit d'une collaboration.

Merci à mes quatre merveilleux enfants adultes – Cathy Shaw, Sam Gale, Carrie Cawood et Greg Cawood – de m'avoir fourni autant d'expériences adolescentes authentiques dans lesquelles puiser (et pour avoir survécu à vos années d'adolescence malgré des parents qui ne savaient pas toujours comment s'y prendre). Leurs conjoints, Gary Shaw et Matthew Gale, font partie intégrante de la famille désormais, assurant que nous ayons des petits-enfants sur qui exercer nos habiletés de parentage ! Bien sûr, nous avons aussi les petits-enfants les plus beaux, les plus talentueux et les mieux élevés du monde : Megan et Bronwen Shaw, et Emily-Rose et Oliver Gale.

Un merci spécial à ma mère, Elizabeth Swift, qui a toujours été un modèle de résilience et d'optimisme, et qui s'est accommodée de mon égocentrisme adolescent avec humour. Aussi, ma tante et marraine, Paddy Harrison, qui a toujours été présente à mes côtés : tu es une source d'appui calme, cohérente et empathique.

Je dois mentionner tous les parents, enfants et adolescents qui ont partagé tant de leurs problèmes personnels avec moi au fil des ans et, ce faisant, m'ont aidée à acquérir une compréhension plus profonde des défis du parentage. Des remerciements chaleureux à mes collègues, aux filles de l'école préparatoire Herschel et à leurs parents pour leur intérêt et leur encouragement.

Enfin, mais non des moindres, j'exprime ma gratitude sincère à mon éditrice, Wilsia Metz, qui est aussi devenue une amie, et avec qui de nouvelles portes passionnantes ne cessent de s'ouvrir. Merci aussi à toutes les personnes liées à Metz Press et, finalement, Monean Winterbach de Positive Dialogue, qui arrange toujours tout si bien.

Postface

L'auteure avait l'intention d'inclure une liste détaillée de ressources. Toutefois, la chose s'est avérée impossible à cause des nombreux domaines problématiques abordés dans le livre. Néanmoins, il a semblé important d'indiquer au moins les ressources suivantes, pour le cas où vous auriez besoin d'une aide d'urgence.

QUÉBEC

L'Ordre des travailleurs sociaux et des thérapeutes conjugaux et familiaux du Québec (www.otstcfq.org) a un service de localisation de ses membres pour consultation.

L'Association des intervenants en toxicomanie du Québec (www.aitq.com) propose des listes d'organismes regroupés en fonction des régions administratives.

Si vous vous sentez suicidaire, appelez la Fondation Suicide Action Montréal (SAM) qui est à l'écoute 24 heures sur 24, 7 jours sur 7, en composant le 514 723-4000 ou, sans frais ailleurs au Québec, le 1 866 77-3553. Pour de l'information non urgente et de l'information pour aider un ami ou un être cher qui pourrait être suicidaire, rendez-vous à www.suicideactionmontreal.org.

L'organisme Jeunesse, J'écoute a une ligne téléphonique d'aide permanente au 1 800 668-6868 et son site Web (jeunessejecoute.ca/Teens/Home.aspx?lang=fr-ca) est spécifiquement orienté vers les jeunes en détresse, peu importe la nature ou la cause de celle-ci.

Pour loger une plainte auprès de la Commission des droits de la personne et des droits de la jeunesse (CDPDJ), rendez-vous sur le site www.cdpdj.qc.ca/fr/plainte/Pages/default.aspx.

FRANCE

L'Association nationale des intervenants en toxicomanie (ANIT) propose une foule de services tout autant pour les intervenants que pour les toxicomanes : www.anitea.fr

Drogues Info Service (www.drogues-info-service.fr) offre écoute, information, soutien et orientation de tous les publics concernés par les questions de drogues illicites, d'alcool et de jeu. Le service répond 7 jours sur 7, de 8 h à 2 h.

DROGUES INFO SERVICE : 08 00 23 13 13 (appel gratuit depuis un poste fixe et au coût d'une communication ordinaire depuis un portable en composant le : 01 70 23 13 13).

ECOUTE ALCOOL : 08 11 91 30 30 (coût d'un appel local)

ECOUTE CANNABIS : 08 11 91 20 20 (coût d'un appel local)

JOUEURS ECOUTE INFO SERVICE : 09 74 75 13 13 (numéro Cristal : coût d'un appel local depuis une ligne fixe ou inclus dans les forfaits box ou mobile)

TABAC INFO SERVICE : 39 89 (n° indigo, 0,15 €/min) du lundi au samedi de 9 h à 20 h
Ce service propose un accompagnement personnalisé aux fumeurs souhaitant arrêter de fumer. Des tabacologues (médecins, infirmières, psychologues) font le point avec l'appelant sur sa dépendance, son expérience de l'arrêt, ses motivations, ses craintes, les difficultés qu'il risque de rencontrer, les traitements qui seraient les plus à même de l'aider, etc.

TROUBLES DU COMPORTEMENT ALIMENTAIRE : 08 10 03 70 37 (coût d'un appel local)
La permanence est tenue par les associations le mardi de 19 h à 21 h et le vendredi de 16 h à 18 h ; par des psychologues le lundi de 16 h à 18 h ; par des médecins le jeudi de 16 h à 18 h. Les appels

sont anonymes. Quinze médecins, sept psychologues et huit membres d'associations, tous spécialisés dans la prise en charge de ces troubles psychiatriques graves et formés à l'écoute téléphonique, se relaient au bout du fil. Leur mission : écouter, soutenir et orienter vers une structure de soins spécialisée.

Suicide Écoute (www.suicide-ecoute.fr) est une ligne téléphonique d'aide qui est à l'écoute 24 heures sur 24, 7 jours sur 7, qu'on rejoint en composant le 01 45 39 40 00.

Et, pour le cas où vous voudriez contacter l'auteure, voici son adresse courriel : annepcawood@mweb.co.za

Bibliographie

BRADSHAW, John. *Bradshaw On: The Family*. Floride, Health Communications Inc., 1996.

CANFIELD, Jack & HANSEN, Mark Victor. *Chicken Soup for the Mother's Soul*. Floride, Health Communications Inc., 1997.

CANFIELD, Jack & HANSEN, Mark Victor. *Chicken Soup for the Soul*. Floride, Health Communications Inc., 1993.

CAWOOD, Anne. *Children Need Boundaries: Effective Discipline Without Punishment*. Afrique du Sud, Metz Press, 2007.

CORKILLE BRIGGS, Dorothy. *Your Child's Self Esteem*. New York, Doubleday Co. Inc., 1975.

COVEY, Stephen R. *The 7 Habits of highly effective families*. Londres, Simon & Schuster, 1999.

DINKMEYER, Don & McKAY, Gary D. *Systematic Training for Effective Parenting*. Minnesota, American Guidance Services Inc., 1983.

GIBRAN, Kahlil. *The Prophet*. Craighall, AD Donker (Pty) Ltd., 1985.

LERNER, Harriet, PhD. *The Dance of Anger*. Londres, Harper Collins, 2004.

MEYER, Moore & Viljoen. *Personality Theories from Freud to Frankl*. Johannesbourg, Lexicon Publishers, 1990.

PIPHER, Mary, PhD. *Reviving Ophelia – Saving The Selves of Adolescent Girls*. New York, Ballantine Books, 1994.

THE PARENT CENTRE, Cape Town. *Positive Parenting Manual: Skills for South African Parents*.

ARTICLES EXTRAITS DE

«Teen suicide», *Facts for Families*. Journal n° 10, mai 2008 : American Academy of Child and Adolescent Psychiatry. Washington D.C.

«The depressed child», *Facts for Families*. Journal n° 4, mai 2008 : American Academy of Child and Adolescent Psychiatry. Washington D.C.

«Teens : Alcohol and other drugs», *Facts for Families*. Journal n° 3, mai 2008 : American Academy of Child and Adolescent Psychiatry. Washington D.C.

Di Caelers, «World focus on the dangers of smoking», *Cape Argus*, mai 2008.

Clayton Barnes, « Late-night cell talk bad for teens », *Weekend Argus*, septembre 2007.

Glynis Horning, « Sex and Your Child The New Rules », *Femina*, novembre 2001.